경제가 읽히는 경제사전

글 최선민
2010년부터 충남에서 초등학교 교사로 재직 중이며, 엄마표 경제 교육을 연구하고 있어요. 쓴 책으로는 「재택학습력」「하루 한장 English BITE」 등이 있고, '이알배 생각 나누기 차트' '사이트 워드 자석 카드' 등의 수업 교구도 개발하고 있어요.

글 조민영
2014년부터 인천에서 초등학교 아이들을 가르쳤어요. 현재는 서울대학교 대학원에서 교육 경제와 교육 정책을 연구하고 있지요. 수업 놀이 연구회와 서평단 활동 등을 통해 학생들에게 더 나은 교육을 제공하고자 노력하고 있어요.

그림 달다
이화여자대학교에서 섬유미술학을 전공했어요. 이노션 월드와이드 아트 디렉터로 일했고, 지금은 에세이스트, 일러스트레이터로 활동하고 있어요. 그림 에세이 「오늘은 달다. 어제는 지랄맞았지만.」을 집필했고 「수미네 반찬」 「7일 안에 끝내는 면접 합격 시크릿」에 일러스트를 그렸어요.

경제가 읽히는 경제사전 글 최선민 조민영 그림 달다

초판 1쇄 펴낸날 2022년 7월 1일 **초판 2쇄 펴낸날** 2024년 10월 15일
펴낸이 김병오 **편집장** 이향 **편집** 이동익 **디자인** 정상철 **홍보마케팅** 한승일 **경영관리** 이선영 김유진
펴낸곳 (주)킨더랜드 등록 제406-2015-000229호 **주소** 경기도 파주시 회동길 512 B동 3F
전화 031-919-2734 **팩스** 031-919-2735
ISBN 978-89-5618-576-7 74300
제조자 (주)킨더랜드 **제조국** 대한민국 **사용연령** 8세 이상

경제가 읽히는 경제사전 ⓒ 최선민 조민영 달다 2022
• 신저작권법에 의해 한국 내에서 보호를 받는 저작물이므로 무단 전재와 복제를 금합니다.
• 종이에 손이 베이거나 모서리에 다치지 않게 주의하세요.

킨더랜드 책가방 7

경제가 읽히는 경제사전

글 최선민 조민영 · 그림 달다

『경제가 읽히는 경제사전』 똑똑하게 읽어 보기

초등학교 사회 교과서에 나오는 용어를 주로 실었어요.
또한 교과서에 나오지는 않지만, 우리 생활에 자주 사용되는 용어와
뉴스나 신문에서 쉽게 접할 수 있는 경제 용어를
저학년도 이해할 수 있는 쉬운 말과 그림으로 설명했어요.

경제 원리

어린이들은 '경제'라는 말 자체가 낯설 수 있어요. 경제 원리를 알아보면 '아하, 경제가 이런 것이구나!'하고 경제에 관한 기초 상식을 쌓을 수 있어요.

일반 경제

어린이와는 아무런 상관없을 것 같고 어렵게만 느껴지던 경제. 어른들뿐 아니라 어린이의 삶에도 얼마나 깊숙이 관련되어 있는지 알 수 있어요.

시사 경제

신문이나 책, 방송에서도 심심치 않게 경제 용어가 등장해요. 앞서 기초 경제를 익혔다면, 시사 경제에서는 더 깊숙이 경제에 관한 공부를 해 보세요.

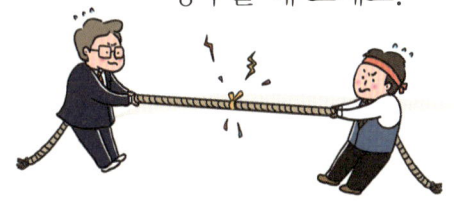

국제 경제

소비와 생산, 저축과 투자 등 우리가 하는 작은 경제 활동이 어떻게 국제 사회와 연결되어 있는지 살펴볼 수 있어요.

신나는 경제 교실

어린이가 얻을 수 있는 소득에는 어떤 것이 있을까요? 가장 보편적인 소득인 용돈 잘 쓰는 법부터 용돈 말고 얻을 수 있는 소득에 대해 알아보아요.

머리말

경제, 알고 보면 우리 생활 가까이에 있어요.

'경제'라고 하면 왠지 생소하고 어렵게 느끼는 어린이가 많습니다. 하지만 우리는 이미 '경제 활동'을 하며 살아가고 있습니다. 부모님께 받은 용돈을 모아 두었다가 갖고 싶었던 장난감을 살 때, 우리는 '저축'의 필요성과 '소비'의 즐거움을 경험하게 됩니다. 내가 갖고 싶은 여러 물건 중에 무엇을 살지 고민하면서 한 가지를 결정할 때 '기회비용'을 생각하기도 합니다.

경제는 단순히 지식을 넘어 우리가 살아가는 세상이 움직이는 바탕이 됩니다. 경제 교육은 선택이 아닌 필수이며, 올바른 경제 관념과 지식을 통해 자신의 삶을 주도적으로 계획하고 살아가는 힘을 기르게 합니다.

요즘은 '경제'에 대한 관심도 높아져 가정에서도 학교에서도 경제 교육이 활발하게 이루어지고 있습니다. 가정에서는 어린이 이름으로 된 통장이나 증권 계좌를 만들어 저축과 투자 습관을 길러주기도 하고, 교실에서는 다양한 역할 놀이를 활용하여 생산과 소비, 기업과 투자, 소비자 윤리와 같은 경제 활동에 대해 배우기도 합니다.

『경제가 읽히는 경제사전』은 경제 용어가 어렵고 딱딱하다고 느끼는 초등학생을 위한 책입니다. 초등학교 저학년 어린이도 이해하기 쉬운 말로 풀어 썼고, 교과서에 자주 등장하는 용어를 중심으로 그 개념을 단단히 익힐 수 있도록 설명하였습니다.

  초등학교 교과에 '경제' 과목은 따로 없지만, 사회 교과와 창의적 체험 활동 시간 등에 녹아 있습니다. 따라서 교과서에 나온 경제 용어들을 최대한 실었고 우리 생활에서 자주 사용되는 용어와 최근 경제 이슈와 관련한 내용을 추가하였습니다. 특히 경제 용어가 따로 외우고 공부해야 하는 것이 아니라 우리 생활에서 이미 접하고 있다는 것을 느낄 수 있도록 쉬운 말과 일상어로 경제 용어들을 풀어내고자 노력했습니다.

  아이들이 신문이나 책에서 새로운 경제 용어를 듣고 궁금해할 때, 『경제가 읽히는 경제사전』을 건네주세요. 모르는 경제 용어를 스스로 찾아보고, 궁금한 점을 더 공부해 보는 과정에서 폭넓은 경제 상식과 시사에 관한 관심을 가질 수 있게 될 것입니다. 이 책을 통해 경제를 복잡하고 어려운 공부라고 생각하는 대신 우리 생활과 밀접하게 연결되어 있다고 이해할 수 있기를 바랍니다. 이 책을 읽는 모든 어린이가 주변의 경제 활동에 관심을 갖고 늘 호기심 어린 눈으로 세상을 살아가기를 응원하겠습니다.

최선민, 조민영

경제 원리 경제 기초 상식: 경제를 알려 줘!

경제 · 16	생산 · 25	기회비용 · 34
재화와 서비스 · 17	가계 · 26	희소성 · 35
자유 · 18	소득 · 27	유통 · 36
경쟁 · 19	소비 · 28	화폐 · 37
시장 경제 · 20	지출 · 29	통화량 · 38
공급 · 21	근로자 · 30	금융 · 39
수요 · 22	노동력 · 31	직업 · 40
독과점 · 23	기업 · 32	부업 · 41
경기 · 24	이윤 · 33	분업 · 42

일반 경제 우리 주변에서 만나는 경제: 우리 주변에도 경제가 있다고?

가격 · 44	지폐 · 52	교류 · 60
품질 · 45	신용 카드 · 53	교통수단 · 61
물가 · 46	수표 · 54	유통 기한 · 62
매매 · 47	가상 화폐 · 55	절약 · 63
물물 교환 · 48	환불 · 56	과소비 · 64
할인 · 49	할부 · 57	저축 · 65
원산지 · 50	급여 · 58	예금 · 66
현금 · 51	성과급 · 59	이자 · 67

계좌 이체 · 68
정기 예금 · 69
정기 적금 · 70
금리 · 71
대출 · 72
투자 · 73
주식 · 74
펀드 · 75
보험 · 76
기부 · 77
창업 · 78

자영업 · 79
CEO · 80
은행 · 81
인터넷 뱅킹 · 82
용돈 기입장 · 83
상품권 · 84
선불 카드 · 85
마일리지 · 86
공과금 · 87
보이스 피싱 · 88
휴대폰 소액 결제 · 89

정보 · 90
개인 정보 · 91
전자 서명 · 92
OTP · 93
바코드 · 94
생활용품 · 95
취미 활동 · 96
저작권 · 97
광고 · 98

시사 경제
신문 속 경제와 사회 문제: 알면 알수록 궁금한 경제를 파헤쳐 보자!

산업 · 100
산업 혁명 · 101
농업 · 102
제조업 · 103
공업 · 104
경공업 · 105
중화학 공업 · 106
건설업 · 107

서비스업 · 108
신재생 에너지 · 109
반도체 · 110
경제 공황 · 111
비정규직 · 112
최저 임금 · 113
물가 상승률 · 114
인플레이션 · 115

구조 조정 · 116
실업 · 117
청년 실업률 · 118
인구 고령화 · 119
공공재 · 120
사회 보장 제도 · 121
국민연금 · 122
건강 보험 · 123

산업 재해 · 124
협동조합 · 125
노동조합 · 126
노사 갈등 · 127
노동 3권 · 128
사회적 기업 · 129
블루 오션 · 130
레드 오션 · 131
자산 · 132
부채 · 133
채권과 채무 · 134
부동산 · 135
전세 · 136
월세 · 137
계약 · 138
임대차 보호법 · 139
공인 중개사 · 140
신용 · 141
불로 소득 · 142
금융 기관 · 143
한국은행 · 144
금융 감독원 · 145
국가 예산 · 146
국민 총생산 · 147
국내 총생산 · 148

국제 경제 세계와 연결된 우리 경제: 세계 곳곳에도 경제가 숨어 있어!

무역 · 150
세계화 · 151
세계 시민 · 152
시민 단체 · 153
선진국 · 154
개발 도상국 · 155
공정 무역 · 156
윤리적 소비 · 157
세금 · 158
관세 · 159
자유 무역 협정 · 160
유럽 연합 · 161
세계 무역 기구 · 162
외환 위기 · 163
환율 · 164
환전 · 165
국제 통화 기금 · 166
국가 경쟁력 · 167
G20 · 168

신나는 경제 교실 슬기로운 경제생활: 용돈 잘 쓰는 법 · 169

경제 원리

경제 기초 상식:
경제를 알려 줘!

경제

우리가 살아가는 데 쓰이는 재화나 서비스를
만들고, 나누고, 이용하는 모든 활동을 말해요.

사람이 살아가는 데 필요한 것 중에 밥, 옷, 신발 등과 같은 물건을 재화라고 해요. 학교 선생님의 수업, 의사 선생님의 진료나 연예인들의 공연과 같은 활동을 서비스라고 해요. 이러한 재화와 서비스를 만드는 생산, 나누는 분배, 이용하는 소비 모두를 경제 활동이라고 해요. 경제 활동은 어렵거나 나와 상관없는 일이 아니에요. 어른들이 열심히 일해서 돈을 버는 것, 우리가 용돈으로 문구점에서 물건을 사거나 분식집에서 간식을 사 먹는 활동 모두가 경제 활동이에요.

재화와 서비스

재화는 눈에 보이고 만질 수 있는 물건이에요.
재화를 나르거나 만드는 데 제공하는 노동을 서비스라고 해요.

재화는 살아가는 데 필요한 쓸모 있는 모든 물건을 말해요. 예를 들어 집, 옷, 휴대폰, 음식처럼 눈으로 보고 만질 수 있는 것을 의미해요. 재화와 함께 쓰이는 단어로 '서비스'가 있어요. 서비스는 남을 돕거나 여러 가지 일을 해 주는 것을 말해요. 만약 버스 탈 때 버스가 재화라면 버스 운전사의 운전은 서비스라고 할 수 있지요. 교실에서는 교과서, 공책, 연필, 칠판과 같이 만질 수 있는 물건들이 재화라면, 선생님께서 해 주시는 수업은 서비스예요.

자유

**남에게 구속받거나 얽매이지 않고
자기 뜻대로 행동할 수 있음을 뜻해요.**

함께 익히기 경쟁

우리나라에는 경제 활동의 자유가 있어요. 사람들이 직업을 자유롭게 선택할 자유, 개인이 재산을 소유할 자유, 기업이 만들고 싶은 것을 만들고 팔 수 있는 자유, 개인이 자신이 쓰고 싶은 곳에 돈을 쓸 수 있는 자유를 인정하고 있지요. 그렇다고 해서 환경 오염을 일으키는 물질을 만드는 등 다른 사람에게 피해를 주는 경제 활동까지 보장해 주지는 않아요.

경쟁

같은 목적을 두고
서로 이기거나 앞서려고 겨루는 일이에요.

함께 익히기 **품질, 독과점**

여러 기업이 같은 물건을 판다면, 사람들은 좀 더 저렴하고 품질 좋은 물건을 사려고 하겠지요. 그러면 기업들은 자기 회사의 물건을 더 많이 팔기 위해 더 품질 좋고 저렴한 물건을 만들려고 노력할 거예요. 이렇게 물건을 더 싸게 팔려는 노력이나 품질을 더 좋게 하려는 노력, 친절한 서비스를 제공하려는 노력을 경쟁이라고 해요. 이러한 경쟁을 통해 시장이 발전해요.

시장 경제

자유 경쟁에 의해
시장에서 가격이 결정되는 것을 말해요.

사람들이 시장에서 자유롭게 거래를 함으로써 경제 문제를 해결해 나가는 것을 말해요. 여기에서 시장은 밖에서 채소나 물건을 사고파는 '재래시장' 보다 더 큰 의미가 있어요. 물건이나 서비스를 사려는 사람과 팔려는 사람이 만나서 사고파는 일이 일어나는 모든 곳을 '시장'이라고 해요. 이렇게 넓은 의미의 시장에서 사람들이 자유롭게 거래하는 방식을 시장 경제라고 해요.

공급

필요에 따라 시장에 재화나 서비스를
제공하는 일이에요.

재화와 서비스를 제공하는 것을 공급이라고 해요. 공급 활동을 하는 사람을 '공급자'라고 하고, 시장에 내보내는 재화나 서비스의 양을 '공급량'이라고 해요. 예를 들어 1,000원에 팔던 연필값이 500원으로 떨어졌다고 생각해 봐요. 공급자는 손해를 보며 팔고 싶지 않으니 연필을 적게 만들 거예요. 반대로 연필값이 2,000원으로 오르면 더 많이 팔기 위해 연필을 많이 만들겠지요. 이와 같이 물건 가격이 오르면 공급량은 늘어나고, 가격이 내리면 공급량은 줄어들어요. 이렇게 가격에 따라 공급량이 변동하는 관계를 '공급의 법칙'이라고 해요.

수요

상품을 사려고 하는 욕구를 뜻해요.

상품을 사려고 하는 것을 수요라고 해요. 사려고 하는 사람을 '수요자'라고 하고, 사려고 하는 상품의 양을 '수요량'이라고 해요. 예를 들어 3,000원에 팔던 우유를 어떤 가게에서 하루 동안 1,000원에 판다면 훨씬 많은 사람이 살 거예요. 반대로 5,000원으로 가격을 올려서 판다면 아무도 사지 않으려고 할 거예요. 이렇게 가격이 내리면 사려고 하는 수요가 늘어나고, 가격이 오르면 수요가 줄어들어요. 가격에 따라 수요량이 변하는 것을 '수요의 법칙'이라고 해요.

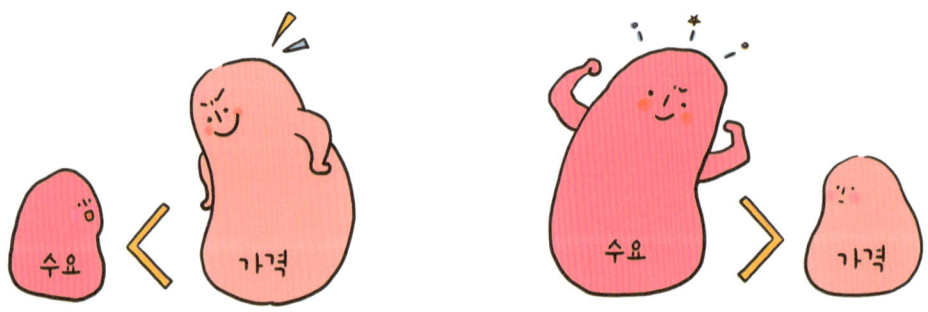

독과점

일부 기업이 생산을 다 차지하고 있는 상태를 말해요.

독과점이란 경쟁이 없는 상태를 말해요. 하나의 기업이 시장을 차지한다는 의미의 '독점'과 경쟁자가 있지만 적은 '과점'을 합친 말이에요. 경쟁이 없으면 품질이 나쁘고 가격이 비싸도 할 수 없이 사게 돼요. 그래서 우리나라에서는 독과점을 막고자 노력하고, 자유와 경쟁이 있는 시장을 만들려고 해요.

경기

매매 거래에 나타나는 호황이나 불황 같은
경제 활동 상태를 뜻해요.

물건이나 집, 땅과 같이 여러 가지를 사고파는 일이 활발하게 자주 이루어질 때와, 그렇지 않은 때가 있어요. 이렇게 활발한 매매와 거래가 이루어질 때를 호황이라고 하고, 그렇지 않은 때를 불황이라고 해요. 경기는 호황, 불황과 같은 경제 활동 상태를 말해요. 호황일 때를 경기가 좋다, 불황일 때를 경기가 나쁘다고 말하기도 해요.

생산

생활에 필요한 각종 물건이나 서비스를
만드는 일을 말해요.

- -

함께 익히기 **소비**

공장에서 물건을 만드는 일, 빵집 주인이 빵을 만드는 일, 미용사가 머리 손질을 해 주는 일 등 생활에 필요한 것을 만들어 내기 위한 일 모두가 생산 활동이에요. 많은 사람들이 생산 활동에 참여하고 있지요.

가계

**가정 살림을 같이하는
생활 공동체를 뜻해요.**

함께 익히기 **기업**

대부분 가정은 일을 해서 얻은 근로 소득으로 생활에 필요한 물건을 사거나 서비스를 제공받는 소비 활동을 해요. 이와 같이 가정 살림을 함께 하는 공동체를 가계라고 불러요. 가계는 기업의 생산 활동에 참여하고 기업에서 만든 물건을 구입해요.

소득

생산 활동에 참여해서 얻는
금전적 대가를 말해요.

사람들은 보통 일을 해서 소득을 얻어요. 예를 들면 다른 사람이 운영하는 상점이나 회사에서 일을 하고 급여를 받거나 가게, 회사, 학원 등을 직접 운영하여 소득을 얻기도 하지요. 그리고 은행에 저축해서 이자를 받거나, 땅이나 건물을 빌려주고 그 대가로 임대료를 받는 것도 모두 소득이에요. 회사를 그만둔 후에 받는 연금, 국가에서 받는 보조금도 소득의 종류예요.

소비

생활에 필요한 각종 물건이나
서비스를 구매하는 일을 말해요.

함께 익히기 지출

돈을 지불하고 물건을 구입하거나 서비스를 제공받는 활동을 말해요. 즉 생산한 것을 쓰는 것으로 우리가 빵집에서 빵을 사 먹거나 미용실에서 머리 손질을 받는 것이 소비 활동이에요. 소득 범위 안에서 적은 비용으로 가장 큰 만족을 얻도록 합리적으로 소비하는 것이 필요해요.

지출

어떤 목적을 위해서
돈을 지불하는 것을 뜻해요.

함께 익히기 가계

우리 생활에 필요한 것을 얻기 위해 돈을 쓰는 것을 지출이라고 해요. 식료품비, 의류비, 교통비 등 많은 지출을 하며 살아가지요. 우리가 성장하는 데 필요한 양육비나 세금, 보험료 등을 내는 것도 지출이에요. 저마다 쓸 수 있는 돈이 한정되어 있기 때문에 불필요한 지출을 줄이고 절약하는 습관을 들이는 것이 좋아요.

근로자

직장에서 일을 하고, 그 대가를 받는 사람이에요.

함께 익히기 **노동력**

근로자는 직업을 가지고 일을 해서 그 대가를 받는 사람을 말해요. 노동의 대가로 돈을 받기 때문에 '노동자'라고도 하지요. 근로자는 일을 해서 돈을 벌기도 하지만, 일을 통해 자신의 꿈을 펼치고 보람과 행복을 찾기도 한답니다.

노동력

생산품을 만드는 데에 필요한 인간의
정신적, 육체적 능력을 말해요.

함께 익히기 근로자, 급여

생활에 필요한 것을 얻기 위해 노력을 들여 일하는 모든 것을 노동이라고 해요. 물건을 만드는 일, 사람을 치료하는 일, 글을 쓰는 일, 서비스를 제공하는 일 등 다양한 종류의 노동이 있지요. 이러한 노동을 위해 필요한 모든 능력을 노동력이라고 해요.

기업

**물건을 만들어 팔거나 서비스를 제공하여
이윤을 얻는 조직체를 말해요.**

함께 익히기 이윤, 노사 갈등

기업은 흔히 '회사'라고도 불러요. 기업은 사람들에게 일자리를 제공하고, 우리 생활에 필요한 물건을 만들어 판매하거나 서비스를 제공하여 이윤을 얻어요. 생활에 필요한 물건을 만들어 파는 기업도 있고, 택배 회사에서 물건을 배달해 주는 것처럼 서비스를 제공하는 기업도 있지요. 이러한 기업 중에서는 규모가 크고 직원의 수가 많은 대기업도 있고, 규모가 작고 직원의 수가 적은 중소기업도 있답니다.

이윤

물건이나 서비스를 생산 판매하여 얻게 되는
순수한 이익을 말해요.

함께 익히기 **노사 갈등**

물건을 판 수입에서 물건을 만들 때 들어간 비용을 뺀 금액을 이윤이라고 해요. 기업에서는 이윤을 많이 남기려고 노력하지요. 그렇지만 지나치게 이윤만 추구하면 노사 갈등이 증가하고 환경이 오염되는 등 사회적인 문제가 생길 수 있어요.

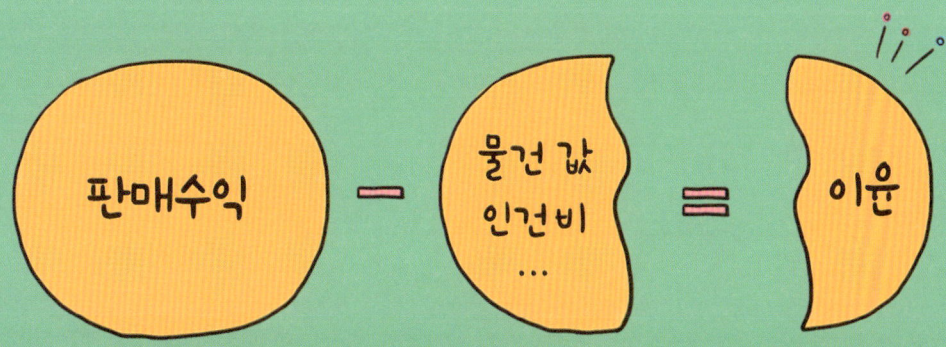

기회비용

선택으로 포기한 것의 대가를 말해요.

자원이 한정되어 있기 때문에 어떤 것 한 가지를 선택하면 다른 것은 포기해야 할 때가 있어요. 그때 포기한 것 중에서 가장 아쉽고 아까운 것의 가치를 기회비용이라고 해요. 예를 들어 이번 주말에 가족들과 여행을 갈 것인지 친구들과 영화를 보고 놀 것인지를 두고 고민하다가 둘 중에 가족과 여행을 하기로 결정했다면, 친구들과 영화를 보고 노는 것이 기회비용이 돼요. 기회비용은 돈, 시간이 한정*되어 있기 때문에 생겨요.

* 한정: 무한정의 반대말이에요. 계속 써도 남아 있는 것이 아니라, 양이 정해져 있어서 모두 사용하고 나면 모자란 상태가 되는 것을 말해요.

희소성

인간의 욕구에 비해
이를 충족시켜 줄 자원은 부족한 상태를 말해요.

원하는 사람에 비하여 물건이 상대적으로 부족할 때 희소성이 높다고 표현해요. 예를들어 빨간 가방이 3개 있을 때, 100명의 사람이 모두 빨간 가방을 가지고 싶어 한다면 희소성이 높다고 말할 수 있지요. 그러나 똑같이 빨간 가방 3개가 있더라도 1명만 빨간 가방을 가지고 싶어 한다면 희소성이 높다고 볼 수 없어요.

다이아몬드는 살아가는 데 꼭 필요한 것은 아니지만 많은 사람들이 갖고 싶어하기 때문에 가격이 비싸요.

유통

**만들어진 물건이 물건을 사서 쓰는 사람에게
전달되기까지의 과정을 말해요.**

함께 익히기 유통 기한

물건을 만드는 사람인 생산자로부터 물건을 사서 쓰는 사람인 소비자까지 전달되는 모든 과정을 유통이라고 해요.

[소매] 소비자에게 직접 물건을 파는 것을 말해요.
[도매] 물건을 낱개로 팔지 않고 한꺼번에 많은 양을 파는 것을 말해요.

화폐

상품의 교환과 유통을 편리하게 하기 위해서
사용되는 교환 수단을 말해요.

함께 익히기 지폐

옛날부터 사람들은 서로 필요한 물건을 교환할 때 값어치를 매겼어요. 예를 들어 황소를 팔아서 사과를 산다고 해 볼까요? 황소 한 마리와 사과 하나를 바꾸면 황소를 파는 사람은 크게 손해를 입겠지요. 그렇다고 사과 1,000개와 바꾸자니 무겁기도 하고 사과가 너무 많아 썩어 버릴 테고요. 그래서 사람들은 물건이나 서비스를 금속이나, 조개껍데기, 뼈 등으로 교환해서 쓰기 시작했어요. 점차 기술이 발전하면서 금속에 무늬를 새겨 화폐, 즉 돈으로 사용하였답니다.

조선 시대의 화폐

오늘날의 화폐

통화량

**나라 안에서 실제 사용하고 있는
돈의 양을 의미해요.**

통화량은 전체 돈의 양을 말해요. 통화량이 많으면 돈이 흔해져서 돈의 가치가 떨어지고, 대신에 돈으로 살 수 있는 물건값이 올라가요. 반대로 통화량이 모자라면 물건을 만들기 위한 돈이 부족해서 경제 활동이 잘 이루어지지 않는 문제가 생겨요. 따라서 한국은행은 통화량을 적당하게 유지해서 시장을 안정시키는 역할을 해요.

금융

돈을 빌리고 빌려주는 것을 통해 경제 활동이
계속 이뤄지도록 하는 것을 말해요.

함께 익히기 금융 산업, 금융 기관

금융은 돈의 융통*이라는 뜻으로, 돈을 빌리고 빌려주는 것을 말해요. 여유가 있는 사람들이 은행에 저금을 하면, 돈을 필요로 하는 사람들이 이자를 내고 이 돈을 빌려서 사용해요. 이러한 활동을 금융이라고 해요.

* 융통: 돈, 물건 등을 돌려쓰는 것을 말해요.

직업

필요한 돈을 벌기 위해 일정한 기간 동안 계속해서 일하는 것을 말해요.

사람은 일을 해야 돈을 벌 수 있기 때문에 직업은 살아가는 데 매우 중요해요. 또한 자기가 좋아하고 잘하는 일을 하면서 자신의 역할을 찾고 보람을 느끼기도 하지요. 다른 사람들과 함께 살아가고 봉사할 수 있는 기회가 되기도 한답니다. 시간이 흐름에 따라 직업은 새로 생기기도 하고 사라지기도 해요. 옛날에는 대부분 농사일을 하였고, 오늘날에는 새로운 직업도 많이 생겼어요. 또한 사회가 빠르게 변화하면서 평생 한 직업을 갖는 것이 아니라 여러 가지 직업을 가질 수도 있게 되었어요.

부업

가지고 있는 직업 외에
돈을 벌기 위해 하는 또 다른 일을 말해요.

대부분의 사람은 자기 직업을 가지고 일을 해요. 부업은 자신의 원래 직업 외에 추가적으로 돈을 벌기 위해서 하는 또 다른 일을 말해요. 예를 들어 평일에는 회사에 다니면서 주말에는 사진을 찍어 주는 부업을 할 수 있어요.

분업

여러 사람이 일을 나누어서 하는 것을 말해요.

과정이 복잡한 일을 할 때 여러 사람이 할 일을 나누어 각자의 일에 집중하면 효과적으로 일할 수 있어요. 분업은 노동자가 일정한 일을 맡아서 전문적으로 하는 것을 말해요. 예를 들어 가족들이 함께 만두를 빚을 때, 엄마는 만두소를 만들고 아빠가 밀가루를 반죽해서 만두피를 만들고 나머지 가족은 만두를 빚는 일을 각각 나누어서 하는 것도 분업이에요.

일반 경제

일상에서 만나는 경제:
우리 주변에도 경제가 있다고?

가격

**물건이 지니고 있는 가치를
돈으로 나타낸 것이에요.**

마트에서 파는 물건에 가격이 써 있는 것을 본 적이 있지요? 가격은 물건의 가치를 비교하는 수단이에요. 가격이 높으면 물건의 가치가 높다고 볼 수 있지요. 예를 들어 500원짜리 과자와 1,000원짜리 아이스크림이 있다면 아이스크림의 가치가 더 높다고 할 수 있어요. 가격은 물건뿐 아니라 건물, 사람이 한 일 등에도 매길 수 있답니다. 물건값은 수요와 공급에 따라 오르기도 내리기도 해서 항상 정해져 있는 것은 아니에요.

품질

상품이나 서비스의 질을 말해요.

상품이나 서비스의 질이 얼마나 좋은지를 이야기할 때 품질이라는 표현을 써요. 상품의 품질을 높이거나 유지하기 위해 상품에 품질 표시를 해 두기도 하지요. 사람들은 같은 가격이면 더 품질이 좋은 제품을 사고 싶어 하기 때문에 기업에서는 좋은 품질의 물건을 만들려고 노력해요.

물가

여러 가지 상품들의 가격 수준을 말해요.

함께 익히기 물가 상승률, 인플레이션

시장에서 사고파는 물건이나 서비스 가격의 오르내림을 나타내는 것을 말해요. 예를 들어 30년 전에는 짜장면 한 그릇에 150원, 달걀 한 개에 18원, 생닭 한 마리에 700원이었다면 믿어지나요? 이렇게 물가는 보통 시간이 갈수록 올라요. 이렇게 지속적으로 화폐 가치가 떨어지고 물가가 오르는 현상을 인플레이션이라고 해요.

매매

물건을 사고파는 것을 말해요.

물건을 사고파는 것을 말해요. 물건을 사는 것을 매수라고 하고, 물건을 파는 것을 매도라고 해요. 물건을 사고파는 것 모두를 매매라고 해요.

물물 교환

필요한 물건을 얻기 위해
가지고 있는 물건과 바꾸는 것을 말해요.

물물 교환은 물건끼리 바꾸는 것을 말해요. 화폐가 없던 옛날 사람들은 필요한 물건을 모두 물물 교환을 통해 얻었어요. 예를 들어 육지 사람들은 바다의 소금이 필요하고, 바닷가 사람들은 육지의 쌀이 필요했어요. 그래서 육지와 바다 사람들은 서로 만나서 필요한 소금과 쌀을 서로 바꿔서 사용했지요. 하지만 필요한 물건을 모두 이렇게 바꿔서 구할 수는 없어요. 그래서 사람들은 돈을 만들어 사용하기 시작했지요.

할인

물건값을 깎아서 사고파는 것을 말해요.

마트에 가면 '50% 파격 세일'과 같은 문구를 본 적이 있을 거예요. 할인은 물건값을 원래보다 싸게 사고파는 것을 말해요. 물건값에서 얼마만큼을 깎아 주는지를 '할인율'이라고 해요. 50%를 할인한다는 것은 원래의 가격을 100이라고 했을 때 50만큼 깎아 준다는 뜻이에요.

원산지

어떤 원료나 물건이 만들어진 곳을 말해요.

원산지란 물건의 생산지로 원산지를 보면 그 재료나 물건이 어디에서 만들어졌는지 알 수 있어요. 원산지 표시 제도가 시행되어 어떤 물건이 어느 나라 어느 지역에서 생산되었는지를 알 수 있어요. 같은 물건도 어디서 생산되었는지에 따라 가격이 다르기 때문에 원산지를 잘 확인하는 것이 좋아요.

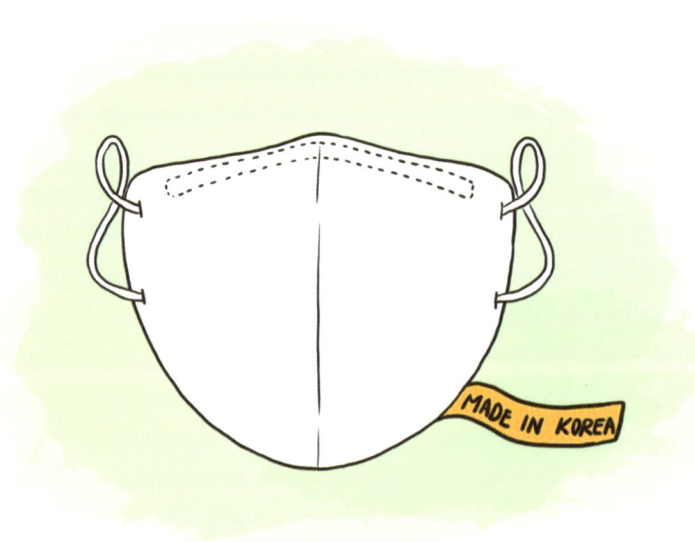

현금

지폐, 동전과 같이 물건을 살 수 있는 돈을 말해요.

우리가 가지고 다니는 돈처럼 정부나 중앙은행에서 발행하는 지폐나 동전을 말해요. 현금으로 바로 물건을 살 수 있지요. 물론 물건을 살 때는 현금이나 카드를 모두 이용할 수 있어요.

지폐

종이로 만든 돈을 말해요.

옛날에는 조개껍데기나 뼈를 돈으로 이용했다고 해요. 나중에는 금속으로 화폐를 만들어 썼지요. 그런데 금속 화폐는 무겁다는 단점이 있어요. 그래서 오늘날에는 종이로 만든 지폐가 널리 사용되고 있어요. 종이로 만들었기 때문에 무척 가볍고, 얇아서 부피도 많이 차지하지 않지요. 우리나라에는 1,000원, 5,000원, 10,000원, 50,000원짜리 지폐가 있어요.

신용 카드

**사람의 신용을 이용하여 돈 없이도
물건이나 서비스를 살 수 있는 제도예요.**

신용이란 사람을 신뢰한다는 뜻이에요. 경제에서 신용이란 그 사람이 돈을 갚을 수 있는 능력이 있는지를 말하지요. 신용 카드는 그 사람의 신용을 믿고 먼저 카드로 물건을 살 수 있도록 하는 제도예요. 신용 카드로 먼저 물건을 사고 그 값은 매달 정해진 날짜에 한꺼번에 내도록 해요. 따라서 카드 회사에서는 돈을 갚을 능력이 있는 사람에게만 신용 카드를 만들어 주고 있어요.

수표

많은 양의 현금을 대신하는 유가 증권*을 말해요.

수표는 큰돈을 대신하는 종이에요. 아무리 가볍고 얇은 지폐라고 해도 돈의 액수가 커지면 가지고 다니기 어렵기 때문에 큰돈이 필요할 때는 수표를 사용하지요. 100,000원 이상의 금액에 대해 은행에서 만들어 내요. 내가 원하는 더 큰돈을 수표 한 장으로 만들어서 사용할 수도 있어요. 큰 액수의 돈이라도 직접 주고받을 수 있다는 장점이 있지만, 받은 사람은 즉시 진짜인지 알기 어렵고, 액수가 너무 커서 거스름돈을 주기가 어려워요.

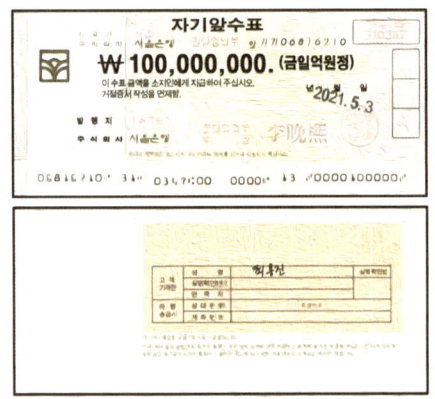

* 유가 증권: 어음, 수표, 채권, 상품권 등 돈과 같은 가치가 있는 권리 증서예요.

가상 화폐

인터넷이나 온라인 게임 등
가상 공간에서 이용하는 화폐를 말해요.

지폐나 동전과 같이 실제로 사용되는 어떤 모양이 있는 화폐가 아니라 가상 공간에서 전자적 형태로만 사용할 수 있는 화폐를 말해요. 예를 들어 게임 머니를 현금으로 결제하는 것, 게임 아이템을 사고파는 것, 사이버 머니를 이용해서 영화, 만화, 음악 등을 구매하는 것도 가상 화폐의 한 종류이지요.

환불

지불한 돈을 요청에 의해서 다시 돌려주는 것을 말해요.

판매한 물건이나 서비스 가격의 일부나 전액을 돌려주는 것을 환불이라고 해요. 물건을 샀는데 불량품일 때와 같이 특별한 경우에 다시 돈으로 돌려받을 수 있는 것이지요. 마음에 들지 않거나 사이즈가 맞지 않아서 돈을 돌려받으려고 하는 경우에는 상품이 손상되지 않은 상태로 돌려주어야 환불받을 수 있어요.

할부

물건값을 여러 번으로 나누어 내는 것을 말해요.

비싼 금액의 물건을 살 때, 돈을 한 번에 내는 것이 부담스러우면 여러 번으로 나누어 낼 수 있어요. 예를 들어 냉장고를 3개월 할부로 샀다고 하면, 냉장고값을 3개월에 나눠서 내겠다는 뜻이지요. 물건의 값을 한 번에 다 결제하는 것은 일시불이라고 하는데 할부로 물건값을 계산하게 되면 일시불로 낼 때 보다 이자가 붙어요. 일시불에 비해 이자만큼의 돈을 더 내야 하는 것이지요. 그래서 '무이자 할부'와 같은 행사를 하기도 해요. 이 말은 정해진 기간 동안 이자를 받지 않고 나누어 낼 수 있게 해 준다는 뜻이에요.

급여

일을 하고 받는 돈을 급여라고 해요.

직업을 갖고 일하는 가장 큰 목적 중 하나가 돈을 번다는 거예요. 급여는 노동력의 대가. 즉, 일을 한 대가로 받는 돈을 말해요. 비슷한 말로 보수, 임금이 있어요.

거래일자	말 기 신 금 액
02 - 10	* 급여 3,000,000
03 - 10	* 급여 3,000,000
04 - 10	* 급여 3,000,000
05 - 10	* 급여 3,000,000
06 - 10	* 급여 3,000,000

[월급] 한 달에 한 번 받는 급여를 말해요.
[연봉] 일 년 동안 받는 봉급의 총액이에요. 비슷한 말로 연급이 있어요.

성과급

직원이 열심히 일할 수 있도록
상여금*이나 휴가 따위의 혜택을 주는 제도를 말해요.

회사에는 많은 사람이 모여서 일을 해요. 그중에 자신의 능력을 발휘해 회사에 큰 이익을 가져오는 직원들도 있고, 함께 일하며 회사에 큰 이득을 가져다 줄 수도 있어요. 이렇게 성과에 따라 보상해주는 제도를 성과급 제도라고 해요. 열심히 일해서 회사에 큰 이익을 가져오면, 이것을 성과급으로 보상하여 직원들이 더 열심히 일하고 싶은 마음이 들도록 혜택을 주는 거예요.

[상여금] 급여와 별개로 추가로 지급하는 돈이에요.

교류

자원이나 물건, 문화나 사상을 서로 주고받는 일을 뜻해요.

함께 익히기 무역

교류는 지역과 지역, 나라와 나라 사이에 물건이나 자원 문화 등을 주고받는 일을 말해요. 우리 지역에서 필요한 물건을 모두 우리 지역에서 만들어 낼 수는 없어요. 우리 지역에서 생산되지 않는 물건을 다른 지역에서 가져오고, 우리 지역에서 많이 나는 물건을 다른 고장에 팔면 더 편리한 생활을 할 수 있어요. 이러한 교류를 통해 지역과 나라는 더욱 발전하게 됩니다. 물건뿐 아니라 종교, 사상, K-Pop과 같은 문화를 교류하기도 해요.

교통수단

자동차, 배, 비행기처럼 사람이 이동하거나 짐을 옮기는 데 쓰는 수단을 말해요

함께 익히기 **유통**

옛날 사람들은 사람이 이동하거나 짐을 옮길 때 말, 가마, 소달구지, 돛단배 등을 이용했어요. 과학 기술이 발전하면서 자동차, 비행기, 기차와 같은 다양하고 빠른 교통수단들이 생겨났지요. 이렇게 교통수단이 발달하면서 사람들이 다른 지역으로 쉽게 오갈 수 있게 되었고, 여러 지역의 물건을 쉽고 빠르게 옮길 수 있게 되었어요.

유통 기한

시장에서 판매할 수 있도록 정한 기한이에요.

함께 익히기 소비 기한

유통 기한은 음식이 만들어지고 나서 유통될 수 있는 기한을 말하기 때문에 식품의 신선도를 나타내기도 해요. 유통 기한을 넘긴 음식은 상한 것일 수 있기 때문에 판매할 수 없어요. 구매 뒤 보관 조건을 잘 지킨다면 유통 기한이 지나도 사용하거나 먹을 수 있는 제품도 많아요. 그래서 구매 뒤 유통 기한은 지났지만, 사용해도 안전상 문제가 없는 기한인 소비 기한도 표기하게 되었어요.

절약

함부로 쓰지 않고 꼭 필요한 데만 써서 아끼는 것을 말해요.

함께 익히기 **과소비**

절약은 물건이나 시간을 아끼는 것을 말해요. 물건을 절약하면 돈을 아낄 수 있고, 자원도 낭비되지 않겠지요. 물건뿐 아니라 시간이나 돈도 절약할 수 있어요. 예를 들어 TV를 보면서 숙제를 하느라 2시간이 걸렸다면, 숙제만 집중해서 1시간 만에 끝낼 수 있지요. 이 경우 시간을 1시간 절약했다고 해요.

과소비

돈이나 물건을 지나치게 많이 써서 없애는 일을 말해요.

자신이 버는 돈보다 더 많이 쓰는 것을 과소비라고 해요. 자신이 버는 돈에 비하여 많은 돈을 쓰거나, 불필요한 데에 돈을 쓰는 경우를 말하지요. 이렇게 돈을 함부로 쓰다 보면 경제적으로 어려움을 겪게 될 수도 있어요.

저축

돈을 모으는 일을 말해요.

저금통에 돈을 모을 수도 있지만, 많은 사람이 은행에 찾아가 저축을 해요. 은행에 저축하면 이자를 받을 수 있기 때문이에요. 은행에 저축하면 이자뿐만 아니라 나라 경제에도 도움을 줘요. 여러 사람이 저축하면 큰돈이 되어 은행은 기업 하는 사람들에게 돈을 빌려줄 수 있고, 이 돈은 나라 경제에 도움이 되기 때문이에요. 또한, 돈은 집에 보관하는 것보다 은행에 저축하는 것이 안전하기도 해요.

예금

저축과 같은 말로 은행에 돈을 맡기는 일이에요.

은행이나 우체국과 같은 금융 기관에 돈을 맡기는 일, 또는 맡긴 돈을 예금이라고 해요.

[입금] 은행에 돈을 넣는 일을 말해요.
[출금] 맡겨 둔 돈을 꺼내는 일을 말해요.
[송금] 돈을 다른 사람에게 보내는 일을 말해요.

이자

돈을 빌려 쓴 대가로 내는 돈이에요.

우리가 은행에 돈을 맡기면 은행은 돈이 필요한 사람이나 회사에 이 돈을 빌려줘요. 은행은 이들에게 돈을 빌려주고 받은 대가인 이자의 일부를 다시 우리에게 줘요. 이렇게 해서 우리가 저축을 통해 이자를 받을 수 있게 돼요.

계좌 이체

계좌에서 다른 계좌로 돈을 옮겨 보내는 것을 말해요.

계좌는 흔히 은행에서 저축을 하기 위해 만드는 통장을 말해요. 계좌 이체는 이러한 통장이나 계좌에 있는 돈을 다른 계좌로 옮기는 것을 말해요.

정기 예금

정해진 기간 동안 돈을 찾지 않기로 약속하고
은행에 맡기는 저축이에요.

큰돈을 한꺼번에 맡기고, 정해진 기간이 지난 다음에 약속한 이자와 함께 찾을 수 있는 저축이에요. 주로 3개월 단위로 가입할 수 있고, 오래 맡길수록 더 높은 이자를 받을 수 있어요. 예금보다 높은 이자율을 주기 때문에 돈을 불리는 데 좋은 저축 방법이에요.

정기 적금

매달 일정한 돈을 정해진 기간 동안 저금한 뒤, 약속한 이자를 받는 저축이에요.

정기 적금은 주로 1년 이상으로 가입할 수 있고, 정기 예금과 마찬가지로 오래 맡길수록 더 높은 이자를 받을 수 있어요. 은행 입장에서는 정해진 돈이 매달 확실하게 들어오기 때문에 안정된 돈의 흐름을 만들 수 있어요.

거래일자	맡기신 금액
02 - 20	*200,000
03 - 20	*200,000
04 - 20	*200,000
05 - 20	*200,000

정기 적금 통장

금리

돈을 빌려주고 받을 때 사용되는 돈의 가치를 말해요.

빌린 돈에 대한 이자의 양을 이자율 또는 금리라고 해요. 예를 들어 일반 시장에서 물건을 사고팔 때 가격이 있는 것처럼, 금리는 돈을 빌려주고 받는 금융 시장에서 만들어진 돈의 가격을 말해요.

대출

돈이나 물건을 빌려주거나 빌리는 것이에요.

은행은 돈이 필요한 사람에게 이자를 받고 돈을 빌려주는데 이것을 대출이라고 해요. 대출은 돈을 빌리는 사람의 재산이나 능력을 맡기고 돈을 빌리는 거예요. 따라서 집이나 땅, 직업과 같이 돈을 갚을 능력을 가지고 있음을 보여줘야 대출을 받을 수 있어요.

투자

이익을 얻기 위해 돈이나 시간, 노력을 들이는 일이에요.

투자는 나중에 자신에게 돌아오는 이득을 기대하며 돈, 시간, 노력을 들이는 일이에요. 은행에 저축을 해서 받는 이자보다 더 많은 돈을 벌기 위해 노력하는 것도 투자라고 해요. 예를 들어 건물이나 아파트를 사서 다른 사람에게 빌려주어 돈을 벌 수도 있고, 앞으로 더 잘 될 가능성이 있는 회사에 투자해서 돈을 버는 것도 투자예요. 또한 건강을 가꾸기 위해서 하루에 1시간씩 운동하는 것도 자신을 위한 투자라고 할 수 있어요.

주식

주식회사가 회사에 필요한 돈을 받기 위해 투자자로부터 돈을 받고 발행하는 증서예요.

회사나 공장을 만들고 운영하기 위해서는 큰돈이 필요해요. 그래서 기업은 주식을 발행하여 회사에 투자할 사람들을 모아요. 그 기업이 투자할 만한 가치가 있는 좋은 기업이라고 생각하는 사람들은 주식을 사요. 그 돈으로 기업은 사업을 운영하고, 투자자는 주식을 가진 만큼 기업에 권리를 행사할 수 있어요. 기업이 사업을 잘 운영해서 회사가 커지면 주식의 가치가 올라가서 투자자들도 이익을 얻게 되고, 기업이 잘못해서 손해가 나면 투자자들도 손해를 보기 때문에 신중하게 투자해야 해요.

[주주] 주식의 주인이란 뜻으로 주식을 사면 주주가 돼요.

펀드

여러 사람의 돈을 모아 회사에 투자하는 것을 말해요.

여러 사람의 돈을 한데 모아 투자하고, 이익을 서로 나누어 갖는 투자 방법이에요. 내 돈을 내가 직접 투자하는 주식과 달리, 펀드는 많은 사람들의 돈을 모아서 투자해야 하기 때문에 전문가인 '펀드 매니저'가 투자를 대신해요. 따라서 펀드 매니저에게 일정 비용을 지불해야 하지만, 어느 회사에 투자해야 할지 잘 모를 때 도움을 받을 수 있어요.

보험

**여러 사람이 돈을 미리 모아서 공동 재산을 만들어 두고,
갑작스러운 위험, 사고가 생겼을 때 사용할 수 있는 제도예요.**

보험은 뜻하지 않은 위험에 대비해서 여러 사람들이 서로 돈을 모아 공동의 재산을 모아 두고, 사고를 당한 사람을 도와주는 제도를 말해요. 사고에 대비하여 보험에 가입하고 보험료를 내면, 질병이나 사고가 발생했을 때 보험 회사에서는 약속한 금액을 보상해요.

기부

돈이나 물건을 대가 없이 주는 것을 말해요.

보통 어려운 사람들에게 돈이나 필요한 물건을 주어서 도와주는 것을 기부라고 해요. 예를 들어 불우 이웃 돕기 성금에 돈을 내는 것과 같아요. 요즘에는 돈이나 물건 외에도 자신의 재능이나 지식을 무료로 나누는 재능 기부를 하기도 해요. 만약 미용사가 몸이 불편하신 어르신들을 찾아가 무료로 머리를 손질해 준다면 재능 기부라고 할 수 있어요.

창업

사업을 처음 시작하는 것을 말해요.

함께 익히기 개업, 벤처 기업

창업은 창의적인 아이디어를 가지고 상품이나 서비스를 만들어 파는 것을 말해요. 쉽게 말해 새로운 사업을 시작하는 거예요. 예를 들어 최근에 먹거리를 주문한 날 바로 배송해 주는 회사가 생겼어요. 또한 매일 입을 옷을 집 앞까지 배송해 주는 회사도 있어요. 이렇듯 새롭게 회사나 가게를 차리는 일을 창업이라고 해요.

자영업

회사 등에 다니지 않고
자신이 직접 경영하는 사업을 뜻해요.

자영업은 자신의 사업을 하는 것을 말해요. 개인 사업자라고 말하기도 해요. 예를 들어 변호사 사무실을 운영하는 변호사, 개인 병원을 운영하는 의사, 개인 약국을 운영하는 약사부터 음식점 주인, 문방구 주인, 노점상(길에서 물건을 파는 사람)에 이르기까지 매우 다양해요.

CEO

전문적으로 기업을 운영하는 사람을 말해요.

CEO(Chief Executive Officer)는 최고 경영자로서 기업에서 최고 의사 결정권을 가진 사람을 말해요. 회사를 만들어서 가지고 있거나 회사 지분*을 많이 가진 사람은 회사의 주인, 즉 소유주라고 할 수 있어요. CEO는 소유주와는 달리 월급을 받고 회사가 잘 운영되도록 일하는 사람이에요. 어떤 회사들은 소유주가 직접 CEO 역할을 하기도 해요.

* 지분: 공동 재산에서 각자가 가지는 비율을 뜻해요.

은행

다양한 금융 서비스를 제공하는 금융 기관이에요.

함께 익히기 한국은행

은행은 사람들이 저축한 돈을 모아 필요한 회사나 사람들에게 돈을 빌려줘요. 또한 사람들이 저축한 돈을 투자하여 돈을 늘린 다음 돈을 맡긴 대가로 이자를 주어요. 이렇게 사람들이 저축한 돈은 필요한 사람이나 회사에 돌아가고, 이것을 통해 일자리가 늘어나고 경제가 활발해지는 데 도움이 되지요.

인터넷 뱅킹

인터넷을 사용하여
은행 업무를 처리하는 것을 말해요.

예전에는 돈을 맡기거나 되찾는 일, 돈을 빌리는 일 등을 실제 은행에 가서 은행 직원과 만나 처리해야 했어요. 하지만 인터넷 뱅킹 서비스가 시작된 이후로 직접 은행에 가지 않고도 해외로 돈을 보내거나 신용 카드를 만들고 없애는 일, 공과금을 내는 일 등을 할 수 있게 되었어요. 직접 얼굴을 마주하지 않고 금융 업무가 이루어지기 때문에 편리하지요. 요즘은 휴대폰으로 은행 업무를 볼 수 있는 모바일 뱅킹 서비스도 많이 이용해요.

용돈 기입장

자신의 용돈을 언제, 어떤 곳에, 얼마만큼 사용했는지
기록하는 수첩이에요.

용돈을 언제, 얼마를 받아서 어디에 쓸지 계획하는 일부터 실제로 얼마를 사용했고, 어디에 썼는지를 기록하는 수첩이에요. 용돈 기입장을 쓰면 나의 소비 습관을 되돌아볼 수 있고, 합리적인 소비를 할 수 있게 된답니다.

[예산서] 얼마만큼 돈이 들어오고 어디에 돈을 써야 할지를 미리 생각하여 만든 계획서를 말해요. 계획적인 생활을 위해서 작성하는 것이 좋아요.

[결산서] 실제로 들어온 돈과 사용한 돈을 정리하여 쓴 것을 말해요. 예산서를 써서 어떻게 돈을 쓸지 계획한 뒤에 결산서를 써서 실제로 그 계획에 맞게 사용했는지 확인할 수 있어요.

상품권

그 가격만큼 상품을 살 수 있는
돈과 같은 것이에요.

주로 백화점이나 가게에서 상품권을 만들어 내요. 상품권은 돈과 같이 물건을 살 수 있어요. 돈과 다른 점은 정해진 상점에서만 살 수 있다는 것이에요. 요즘은 친구나 가족 등 고마운 사람에게 모바일 쿠폰의 형태로 상품권을 선물하는 경우도 많지요. 하지만 정해진 장소에서만 사용할 수 있고, 남은 돈을 거슬러 받을 땐 상품권으로 받거나, 현금으로 받고 싶을 땐 일정 금액 이상을 꼭 사용해야 하는 등 불편한 점도 있어요.

선불 카드

돈을 통장에 미리 넣어 두고
카드를 이용해서 쓰는 것을 말해요.

일정한 돈을 미리 내고 그 범위 안에서 카드를 가지고 사용하는 방법을 말해요. 버스나 지하철 요금을 내는 데 사용하는 교통 카드가 대표적이에요. 보통 편의점과 같이 충전이 가능한 곳에 현금을 내고 교통 카드에 돈을 담아 두었다가 버스나 지하철을 이용할 때 카드를 찍으면 필요한 돈이 나가게 되지요.

마일리지

상품 구입 금액 또는 방문 횟수 등에 따라 계산된 점수를 고객에게 제공하는 서비스예요.

마일리지는 처음에는 비행기를 이용하는 사람들에게 이동한 거리만큼을 점수로 환산해 적립해 주는 제도였어요. 요즘에는 비행기 말고도 특정 상점을 이용하거나 카드를 사용하면 마일리지를 쌓을 수 있는 제도가 많아졌어요. 특정 상점이나 특정 카드로 물건을 구입하면 포인트나 마일리지가 쌓여요. 보통 쌓인 포인트나 마일리지만큼 물건값을 할인해 주거나, 현금처럼 쓸 수 있지요.

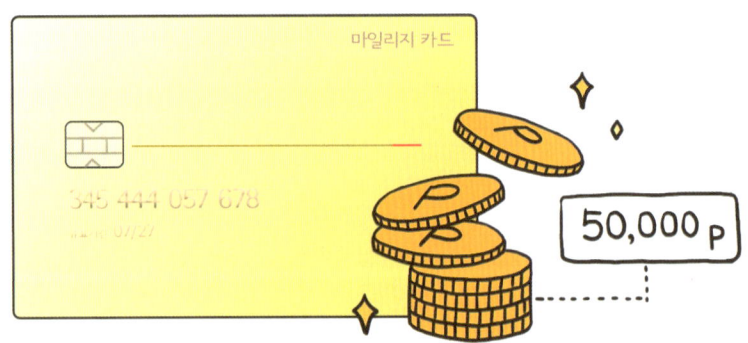

공과금

나라나 공공 단체가
국민에게 내도록 하는 비용을 말해요.

공과금은 나라나 공공 단체가 국민에게 내도록 하는 비용이에요. 기본적으로 세금과 전기 요금, 수도 요금, 가스 요금, 벌금 등이 있어요. 은행 영업소나 인터넷 뱅킹, 전용 계좌, QR 코드 등으로 납부할 수 있어요.

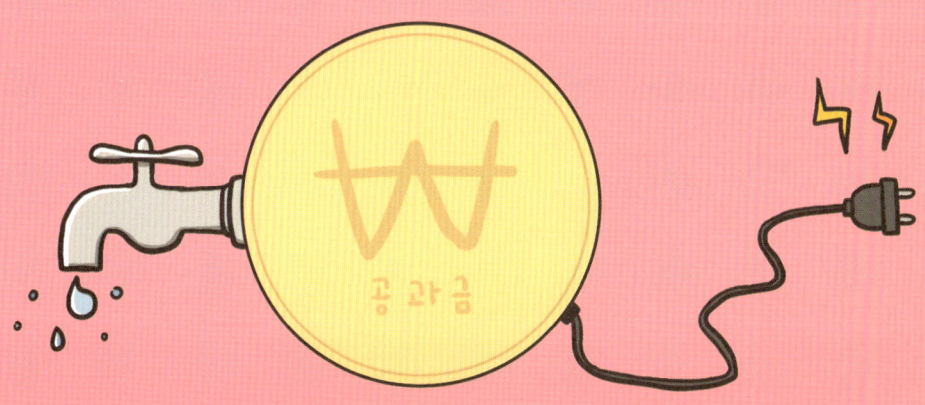

보이스 피싱

**전화로 개인 정보를 빼내거나
돈을 보내게 하여 가로채는 범죄예요.**

보이스 피싱은 목소리라는 뜻을 가진 '보이스'와 개인 정보와 낚시를 뜻하는 '피싱'을 합친 말로 전화 금융 사기라고도 해요. 전화를 통해서 신용 카드 번호나 개인 정보를 알아낸 뒤에 이를 범죄에 이용하는 것을 말해요. 가족이나 친구를 사칭해 돈을 빌려달라고 하기도 하고, 더 낸 세금을 돌려주겠다며 개인 정보를 요구하기도 해요. 이러한 범죄는 그 방법이 다양해져서 사기를 당하는 사람들이 점점 늘고 있으니 조심해야 해요.

휴대폰 소액 결제

먼저 물건을 구입하고 비용은 나중에
휴대폰 요금과 함께 내는 결제 방식이에요.

휴대폰을 이용하여 물건을 사는 것이에요. 필요한 물건을 휴대폰 결제로 먼저 사고, 나중에 휴대폰 요금과 함께 물건값을 내면 돼요. 예를 들어 휴대폰으로 영화 관람권을 구입하면 나중에 그 비용이 휴대폰 요금과 함께 빠져나가요.

정보

실제 문제에 도움이 되는 지식과 자료를 말해요.

어떤 문제를 해결하거나 결정할 때 도움이 되는 지식이나 소식, 자료 등을 말해요. 정보를 잘 활용하면 여러 가지 이익을 얻을 수 있어요. 예를 들어 학교에서 내 준 숙제를 하기 위해서 인터넷으로 검색하는 것은 정보를 얻기 위함이에요. 휴대폰으로 맛집을 찾아보거나, 내가 좋아하는 가수의 콘서트를 검색해 보는 일도 모두 정보를 활용하는 것이지요. 어떤 지역에 놀러 갈 때 그 지역 시청 홈페이지 등에 접속해서 무엇이 유명한지 알아볼 수도 있지요.

개인 정보

이름, 주민 등록 번호, 주소, 전화번호 등
어떤 사람에 대해 알려주는 고유한 정보예요.

금융 거래를 할 때는 본인이 아닌 다른 사람의 이름으로 거래하는 것을 막기 위해 신원을 확인할 수 있는 여러 가지 정보가 필요해요. 이렇게 어떤 사람의 이름, 주민 등록 번호, 전화번호, 주소 등의 정보를 개인 정보라고 해요. 개인 정보를 소중히 하지 않으면 다른 사람에게 내 정보가 들어가서 피해를 볼 수 있어요. 나도 모르는 사이 누군가가 내 이름으로 은행에서 돈을 빌릴 수 있고, 내 이름으로 된 신용 카드를 만들어서 사용할 수도 있는 것이지요. 그래서 개인 정보를 남에게 함부로 알려 주어서는 안 돼요.

전자 서명

**인터넷 등 전자 상에서
본인임을 확인할 때 사용하는 서명을 말해요.**

돈이 오가는 중요한 약속이나 거래를 직접 할 때는 도장을 찍거나 서명(사인)을 해서 그 사람이 약속했음을 증명해요. 하지만 전자 상에서는 직접 서명할 수 없기 때문에 암호화된 정보를 이용해서 전자 서명을 해요. 손으로 쓴 서명을 사진으로 찍어 사용할 수도 있고, 비밀번호를 입력하는 방법을 쓸 수도 있어요.

OTP

금융 거래를 할 때 개인 정보와 거래 내용을 보호하기 위한 장치로 비밀번호가 무작위로 생성되는 인증 방식을 의미해요.

고정된 비밀번호가 아니라 무작위로 생성되는 일회용 비밀번호를 사용하는 인증 방식으로 One Time Password를 줄인 말이에요. 인터넷에서 한 번만 쓰고 버리는 비밀번호이지요. 비밀번호를 지정해 두고 계속 쓰다 보면 비밀번호를 다른 사람이 알게 되어 도용하게 될 수도 있기 때문에 계속해서 비밀번호가 바뀌는 방식으로 안전한 금융 거래를 할 수 있게 해 줘요. 실물 카드나 기기 외에도 휴대폰에 디지털 OTP 앱을 설치해 사용할 수 있어요.

바코드

상품 관리를 할 수 있도록 상품에 표시해 놓은 막대 모양의 기호예요.

대부분의 상품에는 컴퓨터가 판독할 수 있도록 만들어진 검은 막대 모양의 기호가 새겨져 있어요. 주로 상품의 포장지에서 찾아볼 수 있고, 물건에 대한 정보를 컴퓨터에 미리 입력하여 물건을 쉽게 구분할 수 있는 역할을 해 줘요. 도서관에서도 바코드를 찍어서 손쉽게 책을 대출할 수 있지요. 마트에서는 계산을 하면서 바코드를 찍는데, 찍지 않은 물건을 밖으로 들고 나가면 삐삐 경보음을 내어 도난을 방지하는 데 쓰기도 해요. 요즘에는 정사각형 모양의 QR 코드도 많이 활용해요.

생활용품

살아가는 데 쓰이는 여러 가지 물건들이에요.

우리가 살아가는 데 다양한 물건들이 필요하지요. 이렇게 우리가 살아가는 데 필요한 물건을 생활용품이라고 해요. 운동화, 컴퓨터, 책가방, 연필 등 우리 주변에서 볼 수 있는 생활용품은 그 종류가 매우 다양해요. 사람들은 소득의 많은 부분을 이러한 생활용품을 사는 데 사용한답니다.

취미 활동

좋아하는 일을 하며 시간을 보내는 것을 말해요.

여가 활동이라고도 해요. 사람들은 행복하고 즐거운 생활을 위하여 자신이 좋아하는 일을 하지요. 주말이나 하루 일과가 끝나고 여유 시간에는 쉬기도 하고 영화를 보거나 여행을 가기도 해요. 이러한 취미 활동은 꼭 해야 하는 일은 아니지만, 일상을 즐겁고 행복하게 만들어 주지요. 게임을 좋아하는 사람이 열심히 돈을 모아 게임기를 사는 것처럼 사람들은 자신의 취미 활동을 위해서 소비를 한답니다.

저작권

**자신이 만든 책, 노래, 미술 작품, 그림 등
저작물에 대해 갖는 권리를 말해요.**

스스로 만든 창작물은 만든 이의 노력과 아이디어, 시간이 담긴 소중한 것이지요. 저작권은 그런 창작물의 가치를 인정하여 만든 사람의 권리를 보호하는 제도예요. 다른 사람의 저작권을 사용할 때는 정당한 값을 지불해야 해요. 유명한 작가나 가수는 많은 사람이 그 사람의 작품을 사용하기 때문에 많은 저작권료를 받을 수 있답니다. 정당한 값을 치르지 않고 함부로 다른 사람의 저작권을 사용할 경우 처벌을 받을 수 있으니 주의해야 해요.

광고

**사람들에게 물건을 팔기 위해
장점과 특징을 알리는 일이에요.**

광고는 TV나 신문, 전단지, SNS 등에서 주로 새로 나온 물건을 팔기 위해 사람들에게 물건의 장점과 특징을 소개하는 것을 말해요. 때로는 더 많은 물건을 팔기 위해 물건의 장점이나 가격 등을 부풀리거나 거짓으로 꾸며 소개하기도 하기 때문에 광고만 믿고 사기보다는 제품을 꼼꼼히 살펴보는 것이 중요해요.

시사 경제

신문 속 경제와 사회 문제:
알면 알수록 궁금한 경제를
파헤쳐 보자!

산업

**인간이 살아가는 데 필요한
재화와 서비스를 생산하는 사업을 말해요.**

살아가기 위해 필요한 것을 만드는 모든 활동을 산업이라고 해요. 농사를 짓는 일, 공장에서 물건을 만들어 내는 일, 물건을 판매하고 서비스를 제공하는 일 등을 모두 산업이라고 하지요. 산업은 1차 산업, 2차 산업, 3차 산업으로 분류하기도 해요.

산업 혁명

18세기 산업의 기초가
기계 공업으로 크게 변한 것을 말해요.

산업 혁명은 18세기(1700년대) 영국에서 시작되었어요. 물을 끓일 때 생기는 수증기의 힘을 이용한 장치인 증기 기관과 기계의 발달로 생산 기술이 크게 늘었어요. 가내 수공업*으로 소량만 생산할 수 있었던 물건들도 기계를 이용해 더 빠르게, 대량으로 생산할 수 있게 되었어요.

* 가내 수공업: 생활에 필요한 물건을 공장이 아닌 집 안에서 만들어 사용하는 것을 말해요. 주로 기계보다는 도구를 이용해 직접 만들어요.

농업

토지를 이용하여 작물을 재배하거나
식물을 가꾸는 일이에요.

함께 익히기 **공업**

농업은 여러 가지 농작물을 기르거나 식물을 가꾸는 일이에요. 우리가 먹는 쌀을 얻기 위해 벼농사를 짓는 일, 채소나 과일을 기르는 일, 꽃을 가꾸어 판매하는 일 등이 모두 농업에 속하지요. 우리나라는 농업 중심의 국가였어요. 6.25 전쟁 이후 1950년대에는 다른 나라의 도움을 받아 농업 중심의 산업 구조를 공업 중심의 산업 구조로 변화시키려고 많은 노력을 했어요.

제조업

원료를 가공하여 새로운 상품을 만드는 일이에요.

제조업은 자연에서 얻은 재료로 생활에 필요한 물건을 만드는 일을 말해요. 우리 주변에 있는 모든 물건은 거의 제조업을 통해 만들어졌어요. 예를 들어 우리가 자주 사용하는 종이는 자연에서 얻은 나무를 가공하여 만들어요.

공업

원료를 인력이나 기계력으로 가공하여 유용한 물자를 만드는 산업을 말해요.

함께 익히기 **경공업, 중화학 공업**

공업은 원료를 이용해 새로운 물건을 만드는 산업으로 2차 산업이라고도 해요. 우리 생활에 필요한 물건들을 만드는 일을 통틀어 공업이라고 하지요. 제조업과 같은 뜻으로 쓰이기도 해요.

경공업

식료품, 섬유, 종이 등 비교적 가벼운 물건을 만드는 산업을 말해요.

함께 익히기 **중화학 공업**

1960년대 우리나라는 섬유, 가발, 신발, 의류와 같은 가벼운 물건을 만들어 수출하며 성장했어요. 당시 자원과 기술이 부족했지만, 노동력은 충분했기 때문에 경공업과 같은 많은 노동력이 필요한 제품을 낮은 가격으로 생산했던 것이지요.

중화학 공업

**철, 배, 자동차 등 무거운 제품이나 플라스틱, 고무 제품,
화학 섬유 제품을 생산하는 산업을 말해요.**

함께 익히기 경공업

중화학 공업은 무거운 제품을 만들거나 사용하는 공업을 말해요. 경공업보다 많은 돈과 높은 기술력이 필요한 산업이에요. 1970년대 우리나라는 국가 경제를 발전시키기 위해 철강, 석유 화학, 기계 조선, 전자 같은 산업을 성장시키려고 많은 노력을 했어요.

건설업

건물을 짓거나 도로나 다리를 만드는 등의 일이에요.

함께 익히기 **중화학 공업, 농업, 어업, 임업, 제조업**

집이나 건물, 공장을 짓거나 도로나 다리를 만드는 일을 건설업이라고 해요. 우리나라의 건설업 기술은 세계적으로 유명한 수준이지요. 우리나라 기업들은 훌륭한 기술력으로 다른 나라의 유명한 건축물들을 지어 주기도 했어요.

싱가포르 마리나 베이 샌즈

서비스업

사람들을 돕거나 즐겁게 해주고
돈을 버는 일이에요.

3차 산업이라고도 하는 서비스업은 물건을 팔아서 돈을 버는 것이 아니에요. 물건을 운반하는 등 사람들에게 필요한 도움을 주거나 사람들을 즐겁게 해 주는 활동을 통해 돈을 버는 것을 말해요. 예를 들면 환자를 치료하는 병원, 머리를 예쁘게 손질해 주는 미용실, 물건을 집으로 배달해주는 택배 배송과 같은 것들이지요.

신재생 에너지

자연에서 얻을 수 있는 햇빛, 물, 지열 등
재생이 가능한 에너지를 변환하여 만든 에너지를 말해요.

현재 우리는 땅속에 묻혀 있는 석유나 석탄을 사용해서 에너지를 만들어요. 에너지는 기계를 움직이게 하는 힘을 말해요. 예를 들어 자동차에 기름을 넣으면 움직이는 힘으로 바뀌는 것과 같아요. 하지만 석유와 석탄은 줄어들고 있어서 언젠가 쓸 수 없게 돼요. 그래서 사람들은 이것을 대신할 수 있는 에너지를 찾기 위해 노력했어요. 그것이 신재생 에너지예요. 주로 햇빛의 힘, 물이 흐를 때 움직이는 힘, 땅속에서 나는 열을 이용하는 힘으로 에너지를 만들어 내요.

반도체

**어떤 특정한 조건에서만
전기가 통하도록 만든 물질을 말해요.**

전기가 통하는 물질을 도체라고 하고, 전기가 통하지 않는 물질을 부도체라고 해요. 반도체는 특정 조건에서만 전기가 통하는 물질이에요. 이러한 성질을 이용해서 많은 전자 기기를 만들 수 있어요. 반도체는 정보화 시대의 쌀이라고 불릴 만큼 다양한 첨단 산업에서 꼭 필요한 물질이에요. 그래서 많은 기업이 반도체를 연구하고 만들어 내고 있답니다. 우리나라의 반도체 기술은 세계적으로도 유명해서 우리나라 경제에 큰 도움이 되지요.

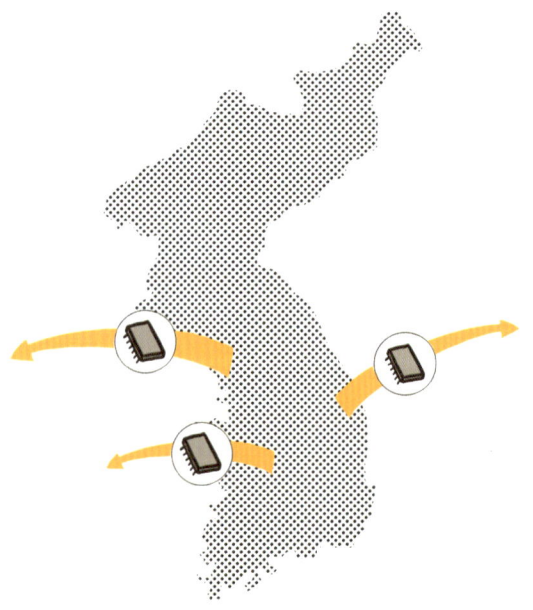

경제 공황

경제에 혼란이 생기는 현상으로
개인은 물론 국가적인 위기 상황이에요.

경제가 혼란에 빠지는 것으로, 상품의 생산과 소비의 균형이 깨지고 산업이 무너져 일자리를 잃은 사람이 넘쳐나게 되는 것을 말해요. 대표적으로 1929년에 시작된 세계 대공황이 있어요. 세계 대공황은 1차 세계 대전이 끝나고 시작되었어요. 전쟁에서 많은 무기를 팔아서 돈을 잘 벌던 미국은 전쟁이 끝나고 더 이상 돈을 벌기 어려워졌어요. 무기 공장이 문을 닫자 그 공장에서 일하던 사람들은 직업을 잃게 되었지요. 이렇게 실업자가 늘어나자 경제가 어려워지고 다른 공장들까지 문을 닫게 되었어요. 이런 일이 이어지면서 경제가 계속 어려워지는 것이 경제 공황이에요.

비정규직

고용을 보장받지 못하고
일정한 기간만 일하는 근로자를 말해요.

일하는 방식이나 시간 등이 보장되고, 특별한 사유가 없으면 계속해서 일할 수 있는 정규직과는 달리 근로 기간이 한 달, 일 년과 같이 짧게 정해져 있어서 고용의 지속성을 보장받지 못하는 계약직, 일용직 등을 말해요. 비정규직 노동자의 경우 회사에 정식으로 소속되지 않고, 정규직 노동자의 사정에 의해 빈자리를 잠깐 채워 주는 역할을 하거나 정규직보다 짧은 시간만 일하는 경우가 많아요. 그렇다 보니 회사의 복지를 받지 못하고, 월급이 더 적어 어려움을 겪는 경우가 있어요. 비정규직 근로자들의 처우를 개선하고 안정적으로 일을 할 수 있도록 사회가 노력하고 있어요.

최저 임금

근로자가 받아야 할 최소한의 임금을 말해요.

함께 익히기 **물가 상승률**

살아가려면 돈이 필요하기 때문에 사람들은 일을 해서 돈을 벌어요. 그런데 일을 열심히 해도 기업에서 너무 적은 돈을 준다면 사람들의 삶이 너무 힘들어지겠지요. 그래서 근로자가 생활을 하기 위해서 필요한 최소한의 임금을 법으로 정해 놓았어요. 적어도 이만큼의 돈은 줘야 한다는 것을 법으로 정해 놓은 것이 최저 임금 제도이지요. 최저 임금은 물가 상승률을 반영해 매년 조금씩 올라요.

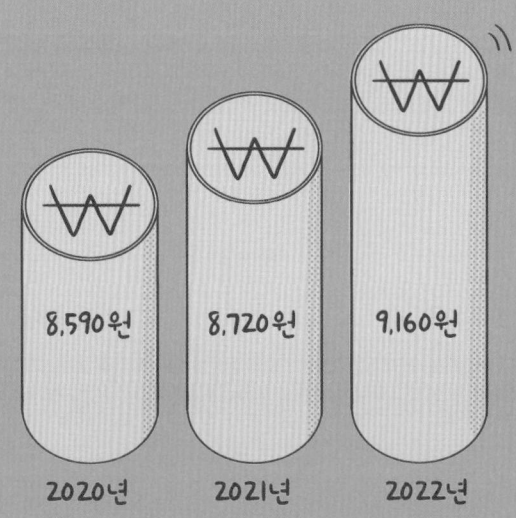

물가 상승률

일정 기간 동안에 물가가 상승한 비율을 말해요.

함께 익히기 인플레이션

물건 가격은 항상 같지 않고 오를 때도 있고 내릴 때도 있어요. 물건 가격을 줄여 물가라고도 해요. 일반적으로 물가가 전년 대비 얼마나 상승했는지를 보여 주는 것이 물가 상승률이에요. 어른들이 어렸을 때는 과자 한 봉지에 300원이었다던가, 아이스크림이 200원이었다던가 하는 이야기를 들어본 적이 있나요? 보통 매년 물가가 조금씩 오르기 때문에 옛날보다 요즘 물건이 더 비싸게 느껴지는 것이지요.

인플레이션

돈의 가치가 낮아지고, 모든 상품의 물가가 꾸준히 오르는 경제 현상을 말해요.

시장에 나와 있는 통화량이 늘어나서 돈의 가치가 낮아지고, 상품의 가치가 꾸준히 오르는 경제 현상이에요. 예를 들어 마트에 가서 1,000원 하는 아이스크림이 1,500원으로 오른 것을 본 적이 있을 거예요. 이렇게 같은 물건이 1,000원에서 1,500원으로 올랐다면 돈의 가치는 떨어졌다고 할 수 있어요. 더 많은 돈을 써야 같은 물건을 살 수 있기 때문이에요. 이렇게 물건 가격이 오르고 돈의 가치는 떨어지는 것을 인플레이션이라고 해요. 월급이 그만큼 오르지 않으면 월급은 그대로여도 살 수 있는 물건은 줄어든 것이기 때문에 사실은 월급이 줄어든 셈이 돼요.

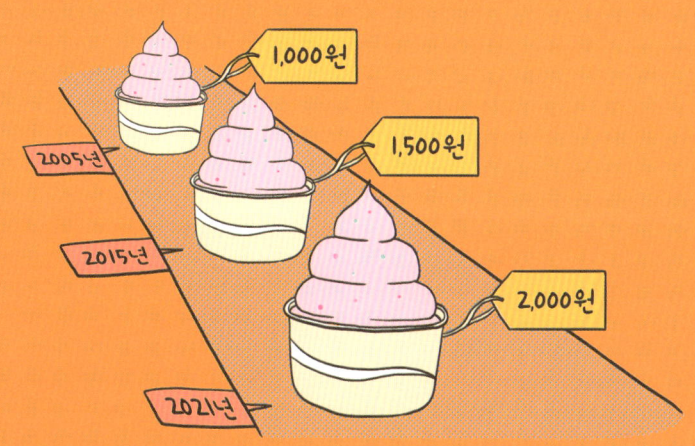

구조 조정

기업을 효과적으로 만들기 위해 원래의 방법을 크게 고치고 바꾸는 것을 말해요.

함께 익히기 실업, 국제 통화 기금

기업을 운영*할 때 적은 비용으로 높은 효과를 내고자 하던 방식을 바꾸는 것을 구조 조정이라고 해요. 기업이 경영 사정이 어려워지거나 문을 닫는 일을 막으려고 할 때 구조 조정을 하지요. 우리나라는 외환 위기 때 일하는 사람을 줄이는 구조 조정을 해서 실업자가 많이 증가했어요. 가지고 있는 땅이나 물건을 팔거나, 새로운 기술을 만들어 내고 다른 기업과 함께 일을 하는 방식의 구조 조정도 있어요.

* 운영: 사람을 뽑고, 물건이나 서비스를 만들고, 그것을 파는 등 모든 일을 해 나가는 것을 말해요.

실업

일자리를 잃거나 일할 기회를 얻지 못하는 것을 말해요.

실업은 일을 하지 않고 있는 상태로 더 좋은 직장을 구하기 위해 스스로 선택한 경우도 있지만, 일을 하고 싶은데도 일자리를 구하지 못한 경우도 있어요. 경기가 어려워져서 일을 하고 싶어도 하지 못하는 실업자가 많아지면 사회적으로도 인력이 낭비되고 경제 성장률이 낮아지는 등 큰 문제가 될 수 있지요. 그래서 정부에서는 실업자가 취업할 수 있도록 도와주고, 일자리를 찾을 동안 경제적인 어려움을 겪지 않도록 실업 급여를 주기도 한답니다.

청년 실업률

만 15세~29세 청년 중 실업자의 비율을 말해요.

청년 실업률이란 학생이나 군인을 제외한 만 15세에서 29세에 해당하는 청년층 중에서 실업자의 비율을 말해요. 청년층은 보통 일하고자 하는 마음과 능력이 있지만, 일자리가 없어서 일을 못 하는 경우가 많지요. 그래서 청년 실업률이 높다는 뜻은 그만큼 나라의 경제 상황이 좋지 못하다는 뜻이에요.

인구 고령화

전체 인구에서 노인이 많아지는 것을 말해요.

의료 기술 발달에 따라 인간의 평균 수명이 늘고 있어요. 그래서 노인 인구는 계속해서 늘고 있지요. 반면에 결혼 연령이 늦어지면서 출산율(아이를 낳는 비율)은 줄고 있어서 전체 인구 중 나이가 많은 사람들의 비율이 점차 높아지고 있어요. 이러한 현상을 인구 고령화라고 해요. 국제 연합(UN)은 총인구(전체 사람의 수)에서 65세가 7% 이상일 경우 고령화 사회, 14% 이상일 경우 고령 사회, 20% 이상일 경우 초고령 사회로 구분했어요.

공공재

공동으로 사용하는 물건이나 시설을 말해요.

모든 사람이 사용할 수 있는 재화 또는 서비스예요. 공공재는 많은 사람이 동시에 사용할 수 있고, 대가를 치르지 않아도 쓸 수 있어요. 이는 국가에서 세금으로 운영되기 때문이에요. 예를 들어 공원은 동네 주민들이 공동으로 사용하는 시설이기 때문에 공공재예요. 학교, 다리, 경찰서, 소방서, 일기 예보 서비스도 모두 공공재예요.

사회 보장 제도

국가가 국민들이 최소한의 인간다운 생활을 하도록
보장하는 제도를 말해요.

사회의 모든 사람이 부자로 살 수는 없겠지요. 살다 보면 갑자기 어려움에 처하거나 다치거나 직장을 잃어서 생활에 불안과 위협을 느끼게 될 수도 있어요. 그럴 때 돈이 없다고 치료받지 못하거나 굶는 사람이 없도록 국가에서 최소한의 인간다운 생활을 할 수 있도록 보장해 주는 것을 사회 보장 제도라고 해요. 국가는 세금을 걷어서 질병, 장애, 실업 등 각종 사회적 위협으로부터 국민들을 보호해요.

국민연금

소득 활동을 할 수 없을 때를 대비해 매월 돈을 조금씩 모아 두었다가 정기적으로 돈을 받을 수 있게 한 국가 제도를 말해요.

소득(월급)에서 조금씩 돈을 내고 그것을 맡겨 두었다가, 노후에 소득 활동을 할 수 없게 되었을 때 일정 기간에 걸쳐서 규칙적으로 돈을 받는 것을 연금이라고 해요. 국민연금은 국가에서 전 국민을 대상으로 하는 연금 제도예요. 소득 활동을 할 때(일을 하여 월급을 받는 등 수입이 있을 때) 조금씩 돈을 내서 모아 두었다가 나이가 들거나 갑작스러운 사고나 병으로 소득 활동이 멈추면, 연금을 받아 생활할 수 있도록 정부가 직접 운영하는 제도예요.

건강 보험

국민이 건강하게 생활할 수 있도록 도와주는 보험이에요.

갑자기 몸이 아프거나 다쳤을 때 치료를 받기 위해서는 많은 병원비가 필요해요. 하지만 갑자기 많은 병원비를 내려면 가족의 살림이 어려워질 수 있어요. 따라서 평소에 국민이 보험료를 내고 국민 건강 보험 공단이 모아 두었다가 필요할 때 사용할 수 있도록 준비해요. 모아 둔 돈 덕분에 비교적 저렴한 비용으로 치료를 받을 수 있지요. 이와 같은 제도를 건강 보험이라고 해요.

산업 재해

일 때문에 다치거나 병에 걸리는 경우 등을 말해요.

직장에서 일을 하는 동안에 그 일 때문에 병을 얻게 되거나 다칠 수 있어요. 심한 경우에는 사고가 나서 목숨을 잃기도 해요. 이렇게 일을 하면서 일하는 사람의 몸이나 정신에 피해가 생기는 것을 산업 재해라고 말해요. 산업 재해가 일어나지 않도록 기업과 근로자 모두 노력해야 해요.

협동조합

여러 사람이 모여서 만든 모임을 말해요.

협동조합은 주로 경제적으로 어려운 소비자나 농민, 어민이 모여서 만든 모임이에요. 협동조합을 통해 이익이나 손해를 함께 나누려는 목적을 가져요. 또한 가입한 회원들에게 예금(저축)을 받고, 돈을 빌려주기도 해요. 우리 주변에는 새마을금고, 농협, 수협 등이 있어요.

노동조합

근로 조건을 더 낫게 만들기 위한 노동자들의 모임을 말해요.

함께 익히기 노사 갈등

노동자들이 모여서 일하는 조건과 환경을 개선하거나 임금을 높이려는 등 노동자를 위한 활동을 하는 단체를 말해요.

노사 갈등

노동자와 기업 간의 의견 차이로 발생하는 갈등을 말해요.

기업은 노동자들이 적은 월급으로 많이 일해 주기를 바라고 노동자는 적게 일하고 더 많은 월급을 받기 원하지요. 이렇게 근로 시간이나 임금, 복지와 같은 근로 조건에 대하여 서로 주장하는 내용이 다를 때 갈등이 발생해요. 이러한 갈등을 노사 갈등이라고 불러요. 노사 갈등은 기업과 노동자가 서로의 입장을 생각해 보고 대화로 해결하려고 노력해야 해요.

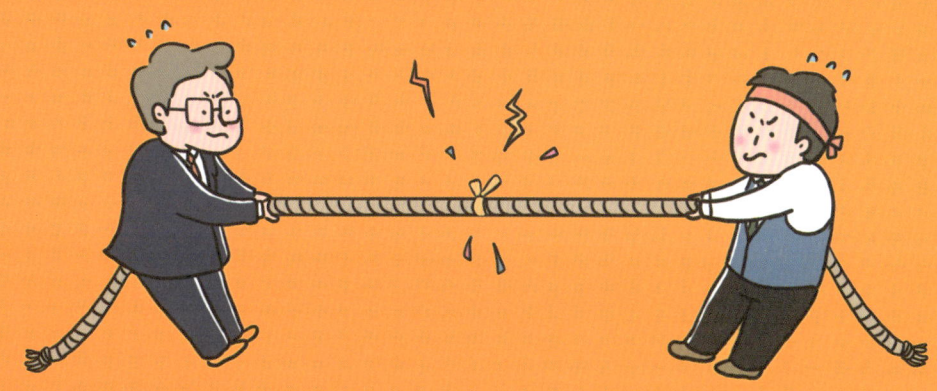

노동 3권

노동자들의 기본 권리* 3가지를 말해요.

우리나라 헌법*에서 정하고 있는 노동자들의 권리인 단결권, 단체 교섭권, 단체 행동권을 말해요. 단결권은 노동자들이 모일 수 있는 권리, 단체 교섭권은 노동조합이 회사와 이야기를 할 수 있는 권리, 단체 행동권은 이야기가 잘 되지 않으면 노동을 거부할 수 있는 권리를 뜻해요.

* 권리: 어떤 일을 할 수 있는 자격이에요.
* 헌법: 가장 중요하고 기초가 되는 법을 말해요.

사회적 기업

많은 사람에게 도움이 되는 일을 하는 회사를 말해요.

공공의 이익을 목적으로 하면서 이윤을 추구하는 기업을 사회적 기업이라고 해요. 가난한 사람들이나 장애인들에게 일자리를 주기도 하고, 지역 경제를 살리기 위해 만들어지기도 해요. 우리나라에도 사회적 기업들이 많이 생겼어요. 예를 들어 버려지는 물건을 재활용해서 가방 같은 물건을 만들어 파는 회사도 있어요.

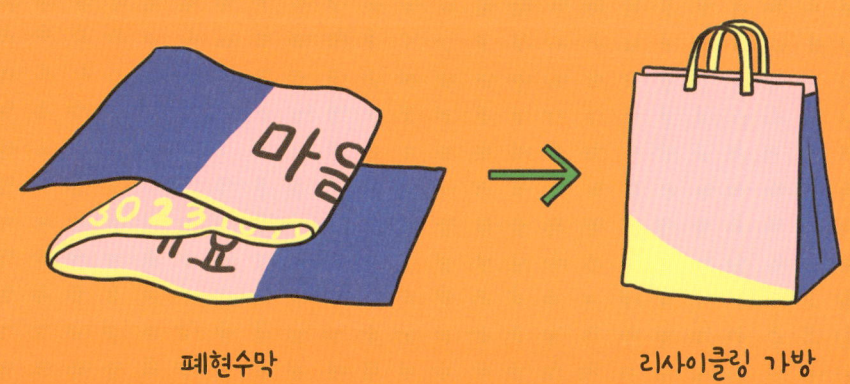

폐현수막 → 리사이클링 가방

블루 오션

경쟁이 심하지 않은 시장을 말해요.

고기가 많이 잡히는 넓고 푸른 바다처럼 경쟁하는 회사가 많지 않은 시장을 말해요. 예를 들어, 코로나19와 같이 전에 없던 새로운 질병이 생기면 이것을 치료할 약을 새롭게 만들어야 해요. 이때 어떤 회사가 새로운 약을 만드는 데 성공하여 많은 나라가 이 회사의 약을 필요로 한다면, 이 회사만 그 약을 만들 수 있기 때문에 경쟁하는 회사가 없게 돼요. 이렇게 새로운 제품, 기술을 만들어서 파는 시장을 블루 오션이라고 해요.

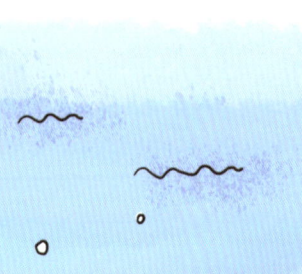

레드 오션

이미 많은 경쟁이 있는 시장을 말해요.

레드 오션은 블루 오션의 반대말로 경쟁이 치열한 시장을 말해요. 예를 들면 마트에서 라면을 사려고 하면 정말 다양한 종류의 라면이 있는 것을 볼 수 있어요. 그리고 기존에 있던 라면이 없어지기도 하고, 새로운 라면이 나오기도 해요. 이렇게 많은 회사가 경쟁하고 있어서 성공하기 어려운 시장을 레드 오션이라고 해요.

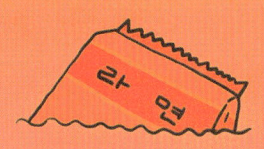

자산

개인이나 기업이 가지고 있는 가치가 있는 것들을 말해요.

자산은 재산과 비슷한 말이에요. 가지고 있는 땅, 아파트, 물건, 자동차, 현금, 주식, 보석 등이 있어요. 돈뿐만 아니라 돈으로 바꿀 수 있는 가치를 가지고 있는 모든 것들을 자산이라고 할 수 있어요.

부채

갚아야 할 돈을 갚지 못해 빚을 지고 있는 것을 말해요.

다른 사람에게 빚을 지고 있는 것, 또는 그 빚을 말해요. 친구에게 500원을 빌린 뒤 갚지 못하고 있으면 500원은 부채가 돼요. 친구에게 빌린 돈을 돌려주면 부채를 갚았다고 말해요.

채권과 채무

**채권은 빌려준 돈을 받을 권리를,
채무는 빌린 돈을 갚아야 할 의무를 의미해요.**

돈을 빌려주면 받을 수 있는 권리가 생겨요. 이를 채권이라고 하고, 그 채권을 가진 사람을 채권자라고 해요. 반대로 돈을 빌리면 갚아야 할 의무가 생기지요. 이는 빚, 채무라고 하고 채무를 가진 사람을 채무자라고 해요. 은행에서 돈을 빌려주었다면 채권자는 은행이에요.

부동산

땅, 건물, 아파트와 같이
움직일 수 없는 자산을 말해요.

부동산은 움직이지 않는 재산이라는 뜻이에요. 집을 지을 수 있는 땅, 농사 지을 수 있는 땅, 산, 아파트나 주택, 빌딩과 같은 것들이 있어요. 주택이나 건물을 여러 개 가지고 있는 사람은 다른 사람에게 빌려주고 돈을 벌 수도 있어요.

전세

**부동산 주인에게 일정한 돈을 맡기고
그 부동산을 빌려 쓰는 것을 말해요.**

함께 익히기 **월세**

부동산의 소유자(주인)에게 일정한 돈을 맡기고 그 부동산을 약속한 기간 동안 빌려 쓰는 일을 말해요. 이때 맡기는 돈을 보증금이라고 해요. 약속한 기간이 끝나면 보증금을 돌려받아요. 돈을 내는 것이 아니라 그대로 돌려받는 제도이지요. 우리나라의 전세 제도는 전 세계에서 보기 어려운 독특한 제도라고 해요.

월세

한 달 단위로 부동산 사용료를 내고 빌려 쓰는 것을 말해요.

전세와 달리 돈을 돌려받는 것이 아니라 주인에게 매월 돈을 내는 임대 방식을 말해요. 한번에 큰돈이 들지 않는 장점이 있지만, 내 돈을 돌려받지 못한다는 단점이 있지요. 보통 월세는 내지 않는 경우를 대비해서 약간의 보증금을 먼저 내고 거래하는 경우가 많아요.

계약

법으로 효과가 있는 약속을 말해요.

만약 여러분이 친구와 약속을 할 때는 여러분과 친구라는 두 사람이 필요해요. 이것처럼 계약도 두 명 이상의 사람들이 약속하는 것을 말해요. 예를 들어 집을 살 때, 집을 파는 사람과 집을 사는 사람은 얼마에 어떻게 집을 사고 팔 것인지 먼저 계약을 해요. 또는 회사에 직원으로 일하게 되는 경우 근로계약서를 써요. 어느 기간 동안 월급은 얼마를 받을지 등을 미리 약속하는 거예요. 계약은 법으로 효과가 있는 약속이기 때문에 약속을 어기면 법을 어긴 것이 되어 벌을 받을 수 있어요.

임대차 보호법

집, 건물 등을 빌리고 빌려주는 것에 관련한 법을 말해요.

다른 사람에게 집, 건물 등을 빌려주고 사용할 수 있게 하는 대신, 그 대가로 돈을 받는 것을 임대라고 해요. 임대차 보호법은 이렇게 사람들이 임대를 이용해 집을 빌려서 사용하는 경우에, 서로 분쟁이 발생하지 않도록 보호하기 위해 정해 놓은 법을 말해요. 집을 빌려주는 사람을 임대인, 빌려서 사용하는 사람을 임차인이라고 해요.

공인 중개사

아파트, 건물, 토지 등을 팔려는 사람과 사려는 사람 사이에서 돕는 일을 하는 사람을 말해요.

아파트나 건물, 토지 등을 사고파는 데는 전문적인 지식이 필요해요. 이를 전문으로 할 수 있는 법적 자격을 갖춘 사람을 공인 중개사라고 해요. 예를 들어 아파트를 팔려는 사람은 공인 중개사에게 아파트를 내놓아요. 아파트를 사려는 사람은 공인 중개사를 통해 아파트를 구매할 수 있지요. 이렇게 공인 중개사를 통해 아파트를 사고파는 일이 이루어져요.

신용

어떤 사람이 돈을 갚을 수 있는 능력이 된다는
생각 또는 믿음을 말해요.

함께 익히기 **신용 불량**

신용은 넓은 의미에서 사람과 사람 사이의 믿음을 나타내는 말이에요. 경제생활에서 신용은 돈을 빌려 쓰거나 물건이나 서비스를 사용한 뒤, 약속한 날짜에 갚을 수 있는 능력을 말해요. 예를 들어 평소 친구들에게 빌린 물건을 잘 사용하고 제때 돌려준다면, 다음에도 물건을 빌리는 데 어려움이 없을 거예요. 이것은 친구들 사이에서 신용이 높기 때문이에요. 경제생활과 관련된 신용의 중요성이 커져서 이제는 신용이 재산이 되는 사회가 되었어요. 돈이 필요할 때 정해진 날짜에 갚겠다는 약속을 하고 은행이나 다른 사람으로부터 돈을 빌리거나 한 번에 물건값을 내기 어려울 때 몇 차례에 걸쳐 나눠 낼 것을 약속하고 물건을 구입하는 것, 전화, 인터넷 서비스 등을 이용한 후에 요금을 내는 것, 신용 카드를 사용하여 지금 돈이 없어도 물건을 구입하는 것이 신용을 활용하는 예시예요.

불로 소득

일을 하지 않고 얻는 수익을 말해요.

일을 한 대가가 아닌 다른 이유로 생기는 돈을 말해요. 가족으로부터 물려받은 재산, 복권에 당첨되어 받는 돈, 은행에 돈을 맡겨 놓으면 그 대가로 받게 되는 이자, 부동산을 빌려주고 받는 임대료 등이 있어요. 국가는 모든 사람이 땀 흘려 일하지 않고 불로 소득만 얻으려고 하는 것을 막기 위해 근로 소득보다 불로 소득에 더 높은 세금을 거두고 있어요.

금융 기관

은행, 증권 회사 같이 금융 일을 하는 기관을 말해요.

금융 업무를 하는 회사로 은행, 보험 회사, 증권 회사, 카드 회사 등이 있어요. 금융 기관은 돈이 필요한 사람과 돈을 빌려 줄 수 있는 사람을 연결해 줘요. 정부나 기업, 개인 등을 위해 돈이 부족한 곳과 남는 곳을 연결하여 돈이 잘 흐르도록 돕는 것이지요. 돈을 빌려주는 것 말고도 먼 곳으로 돈을 보내는 일, 세금을 대신 내주는 일, 중요한 물건을 맡아 주는 일, 회사의 주식을 사고파는 일도 해요. 금융 기관을 통해서 돈을 빌릴 때는 공짜로 빌리는 것이 아니라 이자를 내야 해요.

한국은행

우리나라의 중앙은행이면서 돈을 만드는 곳이에요.

한국은행은 우리 주변에서 볼 수 있는 일반 은행과 달라요. 한국은행은 화폐를 만들어 내고 돈이 시장에서 돌아다니는 양을 조절하여 물가를 안정시키는 역할을 해요. 일반 사람들의 예금과 대출 업무를 하지 않아 금융 기관이라고는 하지 않아요.

금융 감독원

금융 기관을 감시, 감독하는 일을 해요.

은행, 증권 회사, 보험 회사 등의 금융 회사가 재산을 튼튼하게 가지고 있도록 하여 사람들이 안심하고 금융 거래를 하도록 도와줘요. 금융 회사가 돈을 맡겨도 될 만큼 튼튼한지, 운영을 잘하는지 항상 살펴보고 금융 회사들이 규칙을 잘 따르도록 하여 공정하게 운영되도록 감시하는 심판과 같은 역할을 해요.

국가 예산

1년 동안 국가에 필요한 비용을 계산하고 계획하는 것을 말해요.

함께 익히기 **세금**

정부에서 1년 동안 나라 살림에 필요한 수입과 지출에 대한 계획을 미리 세워 두는데 이것을 국가 예산이라고 해요. 국가를 유지하고 국민 생활 수준을 높이기 위해 국민들의 소득 일부분을 국가에 내는 것을 세금이라고 해요. 국가 예산은 이 세금을 얼마만큼 어떻게 거두고 사용할지를 미리 계획을 세우는 것을 뜻해요.

국민 총생산

한 나라의 국민이 생산한 물건과 서비스의 양을 돈으로 계산해 전부 더한 것을 말해요.

함께 익히기 국내 총생산

한 나라의 국민이 생산한 물건과 서비스의 양을 모두 더한 것으로 GNP(Gross National Product)라고도 해요. 장소가 국내이든 해외이든 상관없이 우리나라 사람이 생산한 모든 것을 포함하지요. 우리나라에서 외국인이 생산한 것은 포함하지 않아요. 1인당 국민 총소득은 국민 총생산에서 인구수를 나눈 값이에요. 1인당 국민 총소득이 높은 나라일수록 국민들의 생활 수준이 높다고 볼 수 있겠지요.

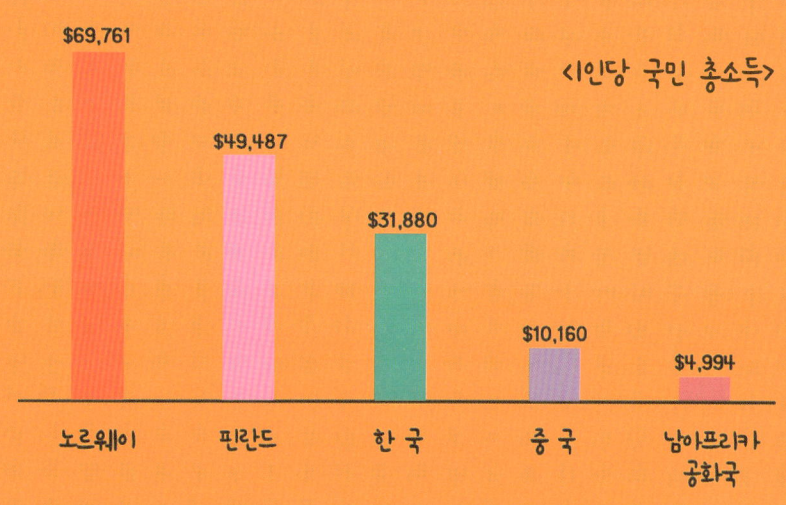

국내 총생산

**일정 기간 동안 한 나라에서 생산된
물건과 서비스의 가치를 전부 더한 것을 말해요.**

함께 익히기 **세금**

한 나라 안에서 생산된 물건과 서비스의 가치를 평가한 금액을 모두 더한 것으로 GDP(Gross Domestic Product)라고도 해요. 국가 내에서 생산한 것이라면 외국인이 제공한 노동과 자본 등에 의해 만들어진 것도 포함이 돼요. 국내 총생산을 보면 어느 한 나라의 경제 활동 수준이 얼마나 성장했는지 알 수 있지요.

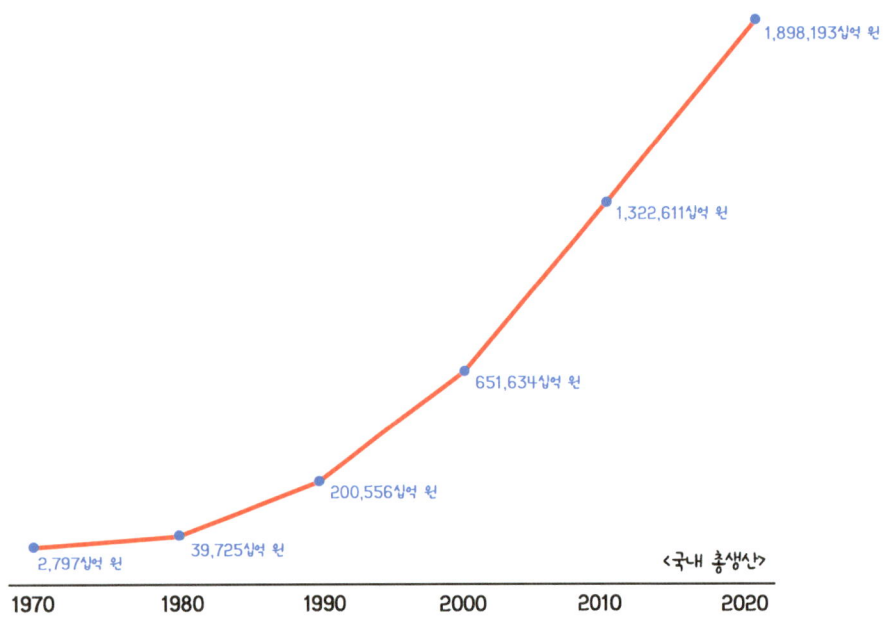

〈국내 총생산〉

국제 경제

세계와 연결된 우리 경제:
세계 곳곳에도 경제가 숨어 있어!

무역

나라와 나라 사이에
물건과 서비스를 사고파는 것을 말해요.

함께 익히기 공정 무역, 관세

각 나라에서 잘 만드는 물건과 많이 나는 자원이 서로 달라요. 그래서 서로에게 필요한 물건을 사고팔지요. 우리나라가 자동차, 반도체를 다른 나라에 파는 것, 해외에서 석유나 곡물을 사 오는 것 등이 무역에 해당돼요. 무역의 역사는 아주 오래되었어요. 고려 시대에는 무역을 통해 고려의 인삼과 도자기가 다른 나라에 전해졌어요. 우리가 흔히 먹는 고구마, 고추와 같은 농작물도 조선 시대에 무역을 통해 우리나라에 들어오게 된 것이랍니다.

세계화

세계 여러 나라의 교류가 많아지는 현상을 말해요.

세계의 여러 나라가 다양한 분야에서 영향을 주고받으면서 교류가 많아지는 현상이에요. 교통과 통신의 발달로 나라와 나라 사이에 공간적, 시간적 거리가 줄어들어 세계화가 이루어지고 있어요. 한국에서도 이탈리아 음식을 먹을 수 있고, 미국에서도 한국 가수의 음악을 듣는 것 등을 세계화라고 할 수 있어요.

세계 시민

지구촌 문제가 우리의 문제임을 알고 이를 해결하고자 협력하는 자세를 지닌 사람을 말해요.

오늘날은 교통과 정보 통신이 발달하여 다른 나라 사람들과의 교류가 활발해졌어요. 그러다 보니 국경을 초월한 문제들도 함께 생겨나고 있지요. 나라 간 경제적 불평등이나 국제 난민 문제, 기후 변화나 환경 문제와 같이 여러 나라가 함께 해결해야만 하는 문제들이 있어요. 세계 시민은 이웃 나라의 문제를 나 몰라라 하는 것이 아니라 지구촌 사람들이 모두 함께 해결해 나가야 할 문제라는 것을 알고 함께 노력해 나가는 사람을 말해요.

시민 단체

사회 전체의 이익을 위해 시민들이 만든 단체를 말해요.

시민 단체는 환경 보호 단체처럼 사회 전체를 위해 시민들이 스스로 모여 활동하는 단체를 말해요. 환경 운동 연합이나 한국 소비자 연맹 같은 단체들이 있지요. 정부와 관련 없는 기구라는 뜻에서 NGO(Non Governmental Organization)라고 부르기도 해요. 시민 단체의 활동은 점점 더 활발해지고 종류도 다양해지고 있어요.

선진국

다른 나라보다 발전이 앞선 나라를 말해요.

함께 익히기 개발 도상국

선진국을 판단하는 기준은 분명하지 않아요. 하지만 일반적으로 경제 발달을 중심으로 정치, 문화 등의 발달이 다른 나라에 비해 앞선 나라들을 말해요. 미국, 프랑스, 독일, 영국, 일본 같은 나라들이 있어요. 일반적으로 경제적으로 풍족하고 국력이 강한 나라들을 일컫지요.

개발 도상국

**다른 나라에 비해 경제 개발 등이
뒤처지는 나라들을 말해요.**

선진국에서 사용하고 있는 기술, 지식, 제도가 아직 충분히 쓰이지 못해서 경제 개발 등이 뒤처지는 나라들을 말해요. 과거 후진국이라고 불렸지만, 이제는 개발 도상국이라는 표현을 써요. 우리나라도 6.25 전쟁 이후 개발 도상국에 속했지만, 점차 경제가 발전하면서 국제 통화 기금 기준에 따르면 1997년에 개발 도상국을 벗어났어요.

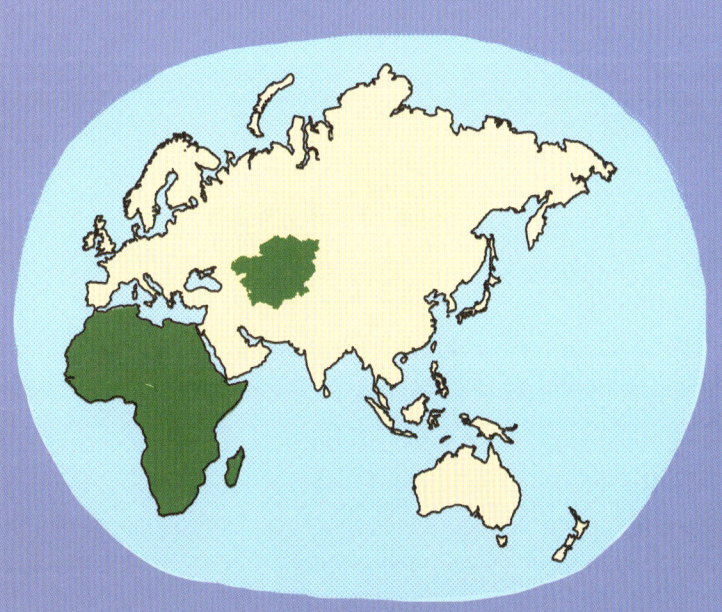

공정 무역

**생산자의 노동에 정당한 대가를 지불하면서 소비자에게는
좀 더 좋은 물건을 공급하는 윤리적인 무역을 말해요.**

일부 경제가 어려운 개발 도상국에서는 사람들이 매우 적은 돈을 받고 농장에서 커피, 초콜릿 등의 원료를 재배하는 일을 해요. 땀 흘려 힘들게 일하지만, 농장은 대기업이 소유하고 있어서 사람들은 가난에서 벗어나지 못하는 경우가 생기지요. 심지어 어린이들이 학교도 가지 못하고 일을 하는 경우도 있다고 해요. 이는 매우 불공평하기 때문에 개발 도상국에서 일하는 생산자들을 지원하는 공정 무역에 관심이 많아지고 있어요. 가격이 좀 더 비싸더라도 생산 과정에서 생산자의 인권을 보호해 주는 주는 제품을 구매하려고 하는 것이지요.

윤리적 소비

소비자가 시장에서 물건을 살 때 물건을 만드는 과정을
생각해서 사는 것을 말해요.

인간, 동물, 환경에 피해를 주는 상품을 사지 않고, 조금 더 비싸고 귀찮더라도 올바른 방법으로 만들어진 물건을 찾는 것을 말해요. 예를 들어 가난한 나라의 아이들의 값싼 노동력을 빼앗아 만드는 커피를 먹지 않고 공정 무역 커피를 마시는 것, 조금 비싸더라도 환경을 오염시키지 않는 물건을 사는 것 등이 윤리적 소비라고 할 수 있어요.

세금

**국가를 유지하고 국민 생활의 발전을 위해 국민들의
소득 일부분을 국가에 납부하는 돈을 말해요.**

우리나라의 국민이라면 세금을 내야 할 의무가 있어요. 개인이나 기업은 벌어들인 소득의 일부를 나라에 세금으로 내지요. 소득이 높으면 세금을 많이 내게 하고, 소득이 적으면 세금을 적게 내게 해 줘요. 수해와 같은 재해로 경제적 피해를 입은 경우에는 세금을 감면해 주기도 해요. 정부는 국민에게 걷은 세금을 꼭 필요한 곳에 공평하게 써야 해요. 국가 운영에 꼭 필요한 도로나 건물을 짓기도 하고, 경제적으로 어려운 사람들을 돕거나 코로나19와 같은 재난 상황에 국가의 방역을 위해 사용하기도 하지요.

관세

수출, 수입되거나 통관되는 화물에 부과되는 세금을 말해요.

함께 익히기 자유 무역 협정, 세계 무역 기구

관세는 상품이 한 나라의 국경을 통과할 때 내는 세금이에요. 국가에서는 자기 나라의 산업을 보호하려고 외국의 물품을 수입할 때 관세를 받아요. 그러면 수입된 물건의 가격이 비싸져서 국민들이 관세가 없어 저렴한 자기 나라의 물품을 사게 되지요. 나라끼리 사이가 안 좋아지면 특정 나라의 관세를 올려서 갈등이 생기기도 하고 특정 나라와 자유 무역 협정을 맺어 그 나라끼리는 관세를 낮추어 주기도 해요. 세계 무역 기구, WTO는 자유로운 무역이 이루어지도록 관세를 낮출 것을 요구하고 있어요.

자유 무역 협정

나라 간 물건이나 서비스 등의 자유로운 이동을 위해 세금, 법과 제도 등의 문제를 줄이거나 없애기로 한 약속이에요.

자유 무역 협정은 나라 간 거래를 국내에서 거래하는 것처럼 관세를 줄여 자유롭게 무역하도록 하는 것으로 FTA(Free Trade Agreement)라고도 해요. 자유 무역 협정을 하면 관세 때문에 비쌌던 외국의 물건을 싸게 살 수 있고, 외국의 자본이나 기술이 도입되기 쉽다는 장점이 있어요. 하지만 국내에서 보호받던 산업들이 국제 시장으로 개방되어 외국 기업과 경쟁을 해야 하기 때문에 농축산업과 같은 산업에 종사하는 사람들은 자유 무역 협정을 반대하기도 해요. 하지만 세계화가 활발해짐에 따라 자유 무역 협정은 계속 확대되고 있답니다.

유럽 연합

유럽 여러 나라가 세계 시장에서 경쟁력을 높이기 위해 만든 국제기구예요.

두 번의 세계 대전을 겪으면서 유럽의 영향력이 약해지자 유럽 국가 간의 협력이 필요했어요. 그래서 유럽 사람들은 '하나의 유럽'을 만들기 위해 '유럽 공동체' 화폐를 만들었어요. 유럽 중앙 은행을 만들고, 유로화라는 같은 화폐를 사용하기 시작했어요. 또한 유럽 연합에 소속된 국가의 국민들은 자유롭게 유럽 안에 있는 다른 나라에서 직장을 얻을 수 있고, 국경을 넘나들 수 있어요.

세계 무역 기구

나라와 나라 사이에서 무역과 관련된 문제가 일어났을 때 공정하게 심판하려고 만들어진 국제기구예요.

나라와 나라 사이에 무역을 하다 보면 갈등이 생기기도 해요. 교통이 발달하고 세계화가 되어 무역량이 많아지면서 무역으로 인한 갈등도 많아졌지요. 그래서 나라와 나라 사이에 무역으로 인한 갈등이 생기면 공정한 판결을 내려 주기 위해 1995년에 세계 무역 기구, WTO(World Trade Organization)가 설립되었어요. 세계 무역 기구 본부는 스위스 제네바에 있어요.

외환 위기

경제가 어려워져 외환 보유액이 줄어들어 환율이 급등하는 현상이에요.

함께 익히기 환율, 국제 통화 기금

나라가 가지고 있는 외국 돈을 외환 보유액이라고 하는데 외환 보유액이 부족해 외국에 빌렸던 돈을 갚지 못하는 현상을 외환 위기라고 해요. 한 나라에 외환 위기가 닥친 것은 매우 심각한 일이에요. 환율이 급등해서 원유와 같이 외국에서 꼭 사와야 하는 물건을 제대로 살 수 없게 되고, 경제가 무너져 나라가 파산할 수도 있거든요. 우리나라도 1997년에 다른 나라에서 빌린 돈을 갚지 못해 외환 위기를 겪으며 경제가 어려워졌던 적이 있어요.

환율

돈을 다른 나라 돈으로 바꿀 때
교환 비율을 말해요.

함께 익히기 환전

자기 나라 돈과 다른 나라 돈의 가치 차이를 말해요. 우리나라의 1,000원은 미국 돈 약 1달러와 바꿀 수 있어요. 일본 돈으로는 약 100엔과 바꿀 수 있지요. 환율은 각 나라의 경제에 따라 매일 조금씩 바뀌어요. 만약 환율이 오르면 우리나라 2,000원으로 미국 돈 1달러와 바꿀 수 있게 돼요. 반대로 환율이 낮아지면 500원으로 1달러를 바꿀 수 있게 돼요. 환율이 바뀌면 사람들의 생활에 큰 영향을 주기 때문에 안정적으로 유지하는 것이 좋아요.

 =  =

환전

외국 돈과 우리나라 돈을 바꿔 주는 일을 말해요.

외국으로 여행을 갈 때 우리나라 돈을 여행 갈 나라의 돈으로 바꿔 가야 하겠지요? 이렇게 서로 종류가 다른 화폐를 교환하는 것을 환전이라고 해요. 만약에 미국으로 여행을 간다면 1달러는 한국 돈 약 1,100원~1,200원으로 바꿀 수 있어요.

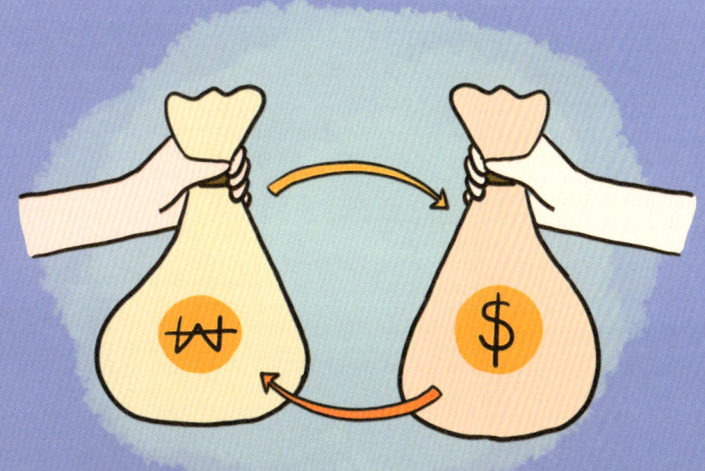

국제 통화 기금

세계 무역 안정을 목적으로 설립한
국제 금융 기구예요.

함께 익히기 구조 조정

국제 통화 기금, IMF(International Monetary Fund)는 경제적인 어려움을 겪고 있는 나라에 돈을 빌려주는 국제 금융 기구예요. 우리나라도 1997년 외환 위기 때 국제 통화 기금으로부터 자금을 지원받은 적이 있어요. 많은 회사가 문을 닫았고 구조 조정을 통해 실업자 수가 크게 증가했지만 국민, 기업, 정부가 힘을 모아 2001년 8월, 국제 통화 기금에 빌린 돈을 모두 갚았어요.

국제 경쟁력

국제 시장에서 다른 기업에 비해 더 나은지 겨루는 것을 말해요.

함께 익히기 국민 총생산

제품이나 기업이 국제 시장에서 갖는 경쟁력*을 말해요. 각 나라는 자연환경이나 자원, 기술 등이 다르기 때문에 각자의 제품이나 서비스가 다른 나라보다 앞서기 위해 경쟁해요. 주로 같은 제품이라면 싼값일 때 경쟁력을 가져요. 하지만 가격이 비싸더라도 물건의 질이 좋거나 유명한 회사에서 만들었거나 더 나은 서비스를 제공한다면 경쟁력이 달라질 수 있어요.

* 경쟁력: 같은 목표에 대해 앞서 나갈 수 있는 능력이나 힘을 뜻해요.

G20

G7을 확대하여 개편한 세계 경제 협의 기구를 지칭해요.

G20(Group of 20)은 세계 경제에 큰 영향을 미치는 주요 7개국인 G7에 유럽 연합 의장국과 한국을 비롯한 아르헨티나, 오스트레일리아, 브라질, 중국, 인도, 인도네시아, 멕시코, 사우디아라비아, 남아프리카공화국, 튀르키예(구 터키)를 포함한 20개 국가로 확대한 세계 경제 협의 기구예요. 국제 금융 위기가 일어나지 않도록 노력하고 세계 경제가 안정적으로 성장할 방안을 모색하고 있지요.

신나는 경제 교실

슬기로운 경제생활

용돈 잘 쓰는 법

★ **용돈 어떻게 나누어 쓸지 정하기**

소중한 내 용돈, 어떻게 하면 가치 있게 쓸 수 있을까요? 소비와 저축, 투자 등 용돈을 사용할 비율을 정해서 아래 표에 쓰고 그려 보세요. 용돈을 좀 더 계획적으로 사용할 수 있을 거예요.

- 용돈 받는 날: 매(월, 주)_____일
- 용돈 금액: _____원

소비	_____원, _____%
저축, 투자	_____원, _____% 저축, 투자 목표:
기부	_____원, _____% 기부하는 이유:

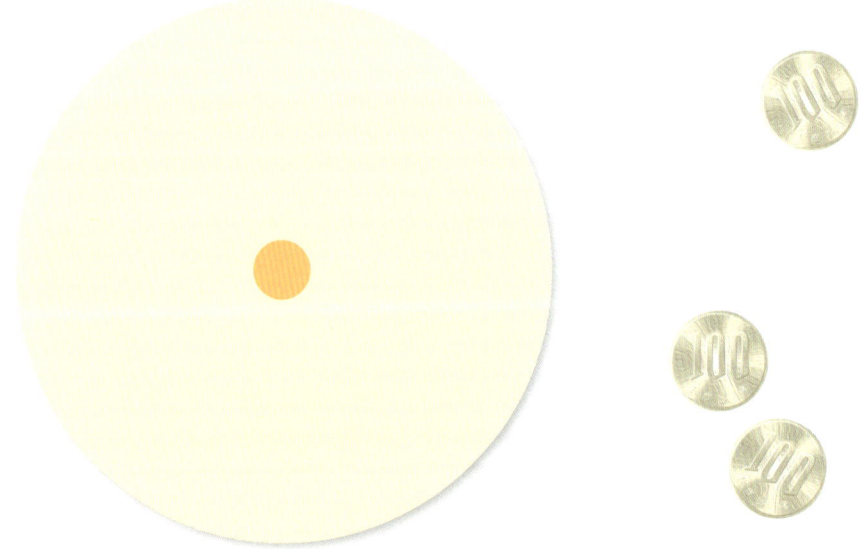

★ 소비 계획하기

문구점이나 마트에 가면 사고 싶은 물건이 정말 많지요. 하지만 사고 싶은 대로 전부 살 수는 없어요. 그랬다가는 정말 필요한 물건을 사야 할 때 용돈이 떨어져서 살 수 없게 될지도 몰라요. 소비에도 계획이 필요해요. 먼저 사고 싶은 물건들을 모두 기록해 보세요. 번호를 달아 어떤 물건을 먼저 살지 구매 순서를 정해 두어도 좋겠지요.

💚 _____(이)가 사고 싶은 물건 목록 💚

1.   4.
2.   5.
3.   6.

구매 순서는 언제든 바꿀 수 있어요. 시간이 지난 뒤 물건 목록을 살펴보며 '이 물건이 정말 필요한가?' '지금도 이 물건을 사고 싶은가?' 스스로 질문해 보세요. 필요하지 않거나 사고 싶은 마음이 없어지면 그 물건은 목록에서 지우면 되겠지요. 이렇게 소비 계획을 세워 두면 물건을 살 수 있는 날을 기다리는 설렘도 느낄 수 있고, 물건을 더 소중히 여기는 마음도 가질 수 있을 거예요.

Tip
인터넷 쇼핑 장바구니

인터넷 쇼핑 사이트 장바구니를 이용해 보세요. 사고 싶은 물건을 담아 두었다가 시간이 지난 뒤에 살펴보면 정말 필요하거나 사고 싶은 물건인지 판단할 수 있어요. 구매할 마음이 없어진 물건은 장바구니에서 삭제하고, 구매할지 말지 고민이 되는 물건은 장바구니에 남겨 둘 수 있어서 용돈을 신중하게 사용하는 데 도움이 될 거예요.

★ 용돈 기입장 쓰기

'내 용돈 어디 갔지?' 쓰다 보면 어느새 용돈이 한 푼도 남아 있지 않을 때가 있지요. 간단하게 날짜와 받은 돈, 쓴 돈, 남은 돈을 기록해 보세요. 꼭 필요한 돈을 다 써 버려서 난감해지는 일을 줄일 수 있을 거예요.

용돈 기입장

날짜	내용	받은 돈	쓴 돈	남은 돈
2022년 9월 23일	용돈	20,000원	·	20,000원
2022년 9월 23일	간식	·	2,000원	18,000원

★ 용돈 말고 소득_홈 아르바이트

용돈 말고도 어린이가 얻을 수 있는 소득이 있어요. 바로 홈 아르바이트예요. 수건 개기, 채소 다듬기, 이불 개기, 분리배출, 벼룩시장 참가, 화분에 물 주기, 현관 정리 등 가족과 상의해서 우리 가족에게 필요한 노동력을 제공하고 소득을 얻어 보세요. 아래 예시처럼 계약서를 써 두면 잊지 않을 수 있으니 가족과 상의해서 계약서를 써 보는 것도 좋겠지요.

○○이네 홈 아르바이트 계약서

수건 개기 1,000원

이불 개기 500원

화분에 물 주기 1,000원

○○이 보호자는 ○○이가 홈 아르바이트를 실천할 시 비용을 정산하여 매월 ○○일에 지급하겠습니다.

○○이 보호자 _____서명